Wilhelm Riemann

Beschreibung des bergreivers Wetzlar

Wilhelm Riemann

Beschreibung des bergreivers Wetzlar

ISBN/EAN: 9783743371682

Hergestellt in Europa, USA, Kanada, Australien, Japan

Cover: Foto ©ninafisch / pixelio.de

Wilhelm Riemann

Beschreibung des bergreivers Wetzlar

BESCHREIBUNG

DES

BERGREVIERS WETZLAR.

BEARBEITET

IM AUFTRAGE DES KÖNIGLICHEN OBERBERGAMTS ZU BONN

VON

WILHELM RIEMANN,

KÖNIGLICHEM BERGRATH ZU WETZLAR.

BONN,

BEI ADOLPH MARCUS.

1878.

Die fortschreitende Entwicklung, welche der Bergwerks-
betrieb seit mehr als fünfundzwanzig Jahren in Folge der veränderten Berggesetzgebung und der Verbesserung der Betriebseinrichtungen und Transportmittel innerhalb des mit den
mannigfaltigsten Mineralschätzen reich gesegneten Rheinischen
Oberbergamtsbezirks erfahren hat, liess es nützlich erscheinen,
die auf den Bergbau bezüglichen Verhältnisse durch die be-
theiligten Revierbeamten einer umfassenden Darstellung zu
unterziehen, um letztere zur Kenntniss Aller zu bringen,
welche für den vaterländischen Bergbau und dessen weiteres
Gedeihen Interesse besitzen.

Mit Genehmigung und Unterstützung des Herrn Ministers
für Handel, Gewerbe und öffentliche Arbeiten erscheint nun-
mehr als erste Publikation die Beschreibung des Bergreviers
Wetzlar, welcher weitere Veröffentlichungen, theils bezüglich
einzelner Reviere, theils in passender Gruppirung der letzteren,
nachfolgen sollen.

I. Begrenzung und politische Eintheilung des Reviers.

Das Bergrevier Wetzlar umfasst die Kreise Wetzlar und Biedenkopf, von welchen ersterer zum Regierungsbezirk Coblenz, letzterer zum Regierungsbezirk Wiesbaden gehört. Sonach liegt das Revier theilweise in der Rheinprovinz, theilweise in der Provinz Hessen-Nassau.

Dasselbe wird gegen Westen von dem Oberlahn- und Dill-Kreise des Regierungsbezirks Wiesbaden und von dem Kreise Wittgenstein des Regierungsbezirks Arnsberg, Provinz Westphalen, gegen Norden vom Kreise Brilon, Regierungsbezirk Arnsberg, gegen Osten von den Kreisen Frankenberg und Marburg, Regierungsbezirk Cassel, und von der Grossherzoglich Hessischen Provinz Oberhessen, gegen Süden von derselben Provinz und vom Obertaunus-Kreise des Regierungsbezirks Wiesbaden begrenzt.

II. Kurze topographische Beschreibung.

Bei Weitem der grösste Theil des Reviers liegt im Flussgebiete der Lahn. Nur der nördlichste Theil desselben gehört dem Gebiete der Eder an. In diesem Theile befindet sich also die Wasserscheide zwischen den Stromgebieten des Rheins und der Weser. Dieselbe wird hier gebildet durch die beträchtlichen Erhebungen der Sackpfeife, des Buchholzes, Kohlenberges und des Stifts bei Eifa, Weifenbach und Wallau, deren Gipfel circa 600 m über dem Meeresspiegel liegen.

Die Lahn tritt, 21 km von ihrer Quelle an der Stiegelburg (Lahnhof) entfernt, bei Wallau unterhalb Niederlaasphe in den Kreis Biedenkopf ein, durchfliesst denselben, abgesehen von zwei starken Curven bei Friedensdorf und Buchenau, in südöstlicher Richtung in einer Länge von 16 km, verlässt ihn bei Brungershausen, um in den Kreis Marburg einzutreten, und fliesst durch diesen anfangs in östlicher und dann in südlicher Richtung, welche letztere sie auch innerhalb des Grossherzogthums Hessen bis Giessen beibehält. Von hier wendet sie sich westlich, tritt unterhalb Heuchelheim in den Kreis Wetzlar ein und durchströmt denselben in dieser Richtung nach Abrechnung

1

der in dem durchschnittlich über 1 km breiten Thale sehr zahlreichen kleineren Serpentinen in einer Länge von 26 km, um unterhalb Biskirchen in den Oberlahn-Kreis einzutreten.

Die bedeutenderen Zuflüsse, welche die Lahn aus dem Reviere Wetzlar erhält, sind folgende:

a. aus dem Kreise Biedenkopf:

die Perf,

die Dautphe,

die Salzböde,

die Bieber.

Erstere drei entspringen auf dem Höhenzuge, welcher sich vom Schelderwalde über Bottenhorn nach Rachelshausen erstreckt, letztere am nordwestlichen Hange des Dünstberges bei Frankenbach. Diese vier Zuflüsse kommen sämmtlich von der rechten Seite in die Lahn;

b. aus dem Kreise Wetzlar:

α. auf der rechten Seite:

der Schwalbenbach,

die Dill,

der Ulmbach;

β. auf der linken Seite:

der Kleebach,

der Wetzbach,

der Solmsbach,

der Iser- (Mühlen-) bach.

Die Dill, innerhalb des Reviers der grösste Zufluss der Lahn, erhält aus dem Kreise Wetzlar auf ihrer linken Seite drei grössere Zuflüsse:

den Ahrdtbach,

den Lempbach,

den Blasbacherbach,

von welchen aber der erstere dem Kreise Wetzlar nur in dem oberen Theile seines Laufes angehört.

Die Wassermenge der Lahn beträgt beim niedrigsten Wasserstande 4,64 cbm, beim mittleren 83,4 cbm und beim höchsten 470 cbm pro Secunde.

Die Wassermenge der Dill ist zu resp. 0,62, 3,71 und 185,5 und diejenige des Solmsbaches zu resp. 0,15, 0,59 und 35,55 cbm pro Secunde ermittelt worden.

Für den Verkehr mit Pferdefuhrwerk geeignete Brücken über die Lahn sind im Kreise Biedenkopf bei Wallau, Ludwigshütte, Biedenkopf, Eckelshausen, Carlshütte und Buchenau, im Kreise Wetzlar bei Dorlar, Wetzlar und Leun vorhanden. Die Dill ist in derselben Weise überbrückt bei Katzenfurt, Dillheim, Ehringshausen, Asslar, Hermannstein und Wetzlar.

der Adlerhorst bei Bechlingen und das Schloss Hohensolms, beide 442 m
hoch, sowie der Alteberg bei Hohensolms (434 m) am meisten hervor.

Der nördlich der Lahn im Kreise Biedenkopf fast ganz im Edergebiete
gelegene Theil des Reviers gehört zum Rothhaargebirge, dessen höchste Erhebungen bei Winterberg circa zwei Meilen von der nördlichen Grenze des
Reviers entfernt sind und im kahlen Astenberge (841,98 m) ihren höchsten
Gipfel haben.

Die in diesem Reviertheile hervortretenden Berge haben meistens eine
Höhe von 500 bis 670 m. Der höchste derselben und zugleich des ganzen
Reviers ist die Sackpfeife bei Hatzfeld (670 m).

Die Lahn hat bei ihrem Eintritt in das Revier oberhalb Wallau eine
Höhe von 298,52 m über dem Meere, beim ersten Austritt bei Elmshausen
eine solche von 229,34 m, beim Wiedereintritt oberhalb Atzbach eine solche
von 157,22 m und beim Verlassen des Reviers unterhalb Biskirchen eine
solche von 134,39 m. Dieser Punkt ist der am tiefsten gelegene des Reviers.
Zwischen ihm und dem höchsten Punkte, der Sackpfeife (670 m), ist eine
Höhendifferenz von 535,61 m.

Das Gefälle der Lahn ergiebt sich aus folgender Uebersicht:

von	bis	Länge km	Gefälle
der Quelle	Laasphe	19,13	1 : 72
Laasphe	Biedenkopf	10,16	1 : 213
Biedenkopf	Buchenau	10,16	1 : 282
Buchenau	Göttingen	15,81	1 : 624
Göttingen	Marburg	10,79	1 : 716
Marburg	Giessen	35,77	1 : 1547
Giessen	Wetzlar	18,82	1 : 2206
Wetzlar	Löhnberg	23,04	1 : 1579

Die Eder tritt in einer Höhe von 357,32 m oberhalb Hatzfeld in das
Revier ein und verlässt dasselbe unterhalb Rennertehausen in 282,40 m Höhe.
Ihr Gefälle beträgt innerhalb des Reviers 1 : 320.

Es dürften hier noch einige durch markscheiderische Nivellements er-
mittelte Höhenlagen von Bergwerksanlagen anzuschliessen sein:

Stollenmundloch der Grube Philippswonne bei Garbenheim . . . 155 m
Stollenmundloch der Grube Raab bei Wetzlar . . . . 157 „
Stollenmundloch der Grube Hermannszeche bei Wetzlar . . . . 152 „
Stollenmundloch der Grube Prinzessin Louise bei Wetzlar . . . 150 „
Stollenmundloch der Grube Maria bei Leun . . . . 143 „
Stollenmundloch der Grube Juno bei Nauborn . . . . 183 „
Stollenmundloch der Grube Uranus bei Laufdorf . . . . 239 „

Stollenmundloch der Grube Martha bei Albshausen. . . . . . 196 m
Stollenmundloch der Grube Prinz Alexander bei Burgsolms . . . 245 „
Stollenmundloch der Grube Oberndorferzug bei Burgsolms . . . 216 „
Stollenmundloch der Grube Eduard bei Laufdorf. . . . . . . 252 „
Kalkstollen der Georgshütte . . . , ... 148 „
Sturzschacht II desselben, Hängebank . . . . 171 „
Sturzschacht auf Prinz Alexander, Hängebank . . . . 281 „
Haldenplatz beim Schachte III auf dem Betriebspunkte Oscar der
    Grube Prinz Alexander. . . . . 297 „
Schacht II beim Betriebspunkte Lätitia derselben Grube, Hängebank 280 „
Förderschacht der Grube Laubach, Hängebank . . . . 293 „
Sohle des Tiefbauschachts auf der Grube Philippswonne . . . . 134 „
Hängebank des Göpelschachts auf der Grube Raab. . . . . . 259 „
Sohle des Maschinenschachts der Grube Jean bei Altenberg. . . 136 „
Stollen der Grube Heinrichssegen bei Ehringshausen . . . . . 172 „
Stollen der Grube Morgenstern bei Waldgirmes . . . . 208 „
Stollen der Grube Hainau bei Waldgirmes. . . . . 219 „
Stollen der Grube Ottilie bei Braunfels, Oberkante der Schienen der
    Ernstbahn . . . . 192 „
Die Garbenheimer Warte bei Wetzlar . . . . 256 „

Der Höhenlage entsprechend hat der nördliche Theil des Reviers, der Kreis Biedenkopf, ein entschieden rauhes Klima, der südliche, der Kreis Wetzlar, ein erheblich milderes, in welchem edlere Obstsorten noch sehr wohl gedeihen und an einigen Stellen, in vor rauhem Luftzuge besonders geschützten Lagen, sogar Weinreben gezogen werden. Der südliche Theil des Kreises Biedenkopf, die Gemarkungen Rodheim, Fellingshausen, Waldgirmes, Naunheim und Hermannstein, hat das mittlere Klima des Kreises Wetzlar, wogegen die in diesem Kreise gelegenen Gemarkungen Hohensolms, Gross-Altenstädten, Erda, Mudersbach, Altenkirchen, Ahrdt, Bermol, Bellersdorf, Dreisbach, Oberlemp, Breitenbach, Greifenstein, Oberwetz und Griedelbach eine eben so rauhe Lage haben, wie viele Gemarkungen des Kreises Biedenkopf.

Im Kreise Wetzlar liegen von den vorhandenen 81 Ortschaften nur 10 mehr als 300 m hoch, von diesen aber erreichen nur zwei, Hohensolms und Greifenstein, eine Höhe von über 400 m; im Kreise Biedenkopf hingegen liegen von den vorhandenen 90 Ortschaften mehr als die Hälfte, nämlich 53 über 300 m, darunter 12 über 400 m hoch, nämlich Achenbach, Bottenhorn, Steinperf, Frechenhausen, Günterod, Lixfeld, Oberhörlen, Roth, Rachelshausen, Hülshof, Dernbach und Eifa.

Denkt man sich den Meeresspiegel um 300 m erhöht, so würde der Kreis Biedenkopf grösstentheils Festland sein, indem nur im Lahn-, Salzböde- und Ederthale schmale Meeresbuchten in denselben eindringen würden, der Kreis Wetzlar aber würde grösstentheils unter Wasser liegen, aus dem ausser

zahlreichen kleineren Inseln nur der grösste Theil der Bürgermeisterei Hohensolms hervorragen würde.

Das Revier liegt zwischen 50° 25' und 51° 6' nördlicher Breite und
zwischen 25° 56' und 26° 24' östlicher Länge. Dasselbe ist verhältnissmässig
lang und schmal. Die Längenausdehnung von Norden nach Süden beträgt
77 km, die Breite, im südlichen Theile am grössten, nur circa 30 km, stellenweise, namentlich im Kreise Biedenkopf, nur 7 bis 10 km. Der Flächeninhalt
beträgt 1205,161 ☐ km, wovon 530,020 auf den Kreis Wetzlar und 675,141
auf den Kreis Biedenkopf kommen.

Es befinden sich nämlich:

a. im Kreise Wetzlar:		b. im Kreise Biedenkopf:	
21478,9 ha	Ackerland,	18616,6 ha	Ackerland,
446,8 „	Gärten,	304,2 „	Gärten,
5471,5 „	Wiesen,	8602,1 „	Wiesen,
1371,3 „	Weiden,	5630,3 „	Weiden,
21903,9 „	Forsten,	32093,5 „	Forsten,
82,9 „	Oedland,	10,1 „	Oedland,
7,7 „	Unland,	0,2 „	Unland,
1569,7 „	Wege, Eisenbahnen u. s. w.	1657,6 „	Wege u. s. w.,
377,7 „	Hofräume u. s. w.	422,9 „	Hofräume u. s. w.,
291,6 „	Flüsse, Bäche, Teiche.	176,6 „	Flüsse u. s. w.
53002,0 ha.		67514,1 ha.	

Der Kreis Wetzlar hat:
 3 Städte (Wetzlar, Braunfels und Leun),
 2 Flecken (Hohensolms und Greifenstein),
 76 Dörfer,
 19 Höfe u. s. w.

Der Kreis Biedenkopf:
 5 Städte (Biedenkopf, Battenberg, Hatzfeld, Königsberg und Breidenbach [1]), von welchen aber die beiden letzteren sich von einem
  mittelgrossen Dorfe nicht unterscheiden),
 1 Flecken (Gladenbach),
 84 Dörfer,
 29 Höfe u. s. w.

Nach der Volkszählung hat vom 1. December 1875:
 der Kreis Wetzlar 46586
 der Kreis Biedenkopf 38385
  also das Bergrevier Wetzlar 84971 Einwohner.

---

 [1] Bei der Bezeichnung als Städte und Flecken ist lediglich der historische Gebrauch entscheidend gewesen.

Auf die Quadratmeile kommen im Kreise Wetzlar 4833, im Kreise Biedenkopf 3199, im ganzen Reviere durchschnittlich 3927 Einwohner. Gegen die Durchschnittsziffer des ganzen preussischen Staates = 4065 hat also der Kreis Wetzlar 768 mehr, der Kreis Biedenkopf 866 weniger, das Bergrevier Wetzlar 138 weniger Einwohner pro Quadratmeile.

III. Uebersicht der geognostischen Verhältnisse des Reviers.

Bei Weitem der grösste Theil der Oberfläche des Reviers wird von den Formationen des unteren Steinkohlengebirges — dem Flötzleeren Sandsteine und dem Kulm — und von den oberen Gliedern des Uebergangsgebirges — dem devonischen System — bedeckt.

Ferdinand Römer hat die Ansicht ausgesprochen (Zeitschrift der deutschen geologischen Gesellschaft, 1874), dass ein Quarzitvorkommen südwestlich von Greifenstein [1]), welches seither zum Kulm gerechnet wurde, aber reich an den bekannten Steinkernen und Abdrücken einer Pentamerusart (Pentamerus rhenanus) ist, welche schon seit mehreren Jahrzehnten durch das Mineralien-Comptoir in Heidelberg verbreitet wird, zum silurischen Systeme gehöre. Diese Ansicht fand auch darin ihre Stütze, dass eine ganz in der Nähe durch einen Schurf entblösste Kalkablagerung Trilobiten enthält, welche denjenigen im Obersilur Böhmens ähnlich sind (Phacops

---

[1]) Der Ort des Vorkommens ist auf der dieser Arbeit beigefügten Uebersichtskarte des Vorkommens nutzbarer Minerallagerstätten im Bergrevier Wetzlar mit 1 bezeichnet. Zu dieser Karte ist die topographische Karte von W. Liebenow benutzt worden, welche die geognostischen Formationen nach der von Dechen'schen geologischen Karte der Rheinprovinz und der Provinz Westfalen in Schwarzdruck begrenzt enthält. Es bezeichnet auf derselben:

a	Alluvium,	o	lose Bimssteine,
b	Diluvium,	P	Phonolith,
c²	Braunkohlenformation,	r	Basaltconglomerat,
g³	bunten Sandstein,	B	Basalt,
h¹	Rothliegendes,	M	Melaphyr, Mandelstein,
i²	Flötzleeren Sandstein,	F¹	Feldspathporphyr,
i³	Kulm,	s	Schalstein,
k¹	Kramenzel,	Gr	Grünstein von nicht näher bekann-
l	Massenkalk,		ter mineralogischer Beschaffenheit.
m	Wissenbacher Schiefer,	L¹	Labradorporphyr,
m¹	Spiriferensandstein,	H	Hypersthenfels.

cephalotes und Proetus), doch liessen es die Untersuchungen der Herren
von Dechen und Maurer (Verzeichniss der Ausarbeitungen Nr. 67, 68 und
71) immer noch wahrscheinlicher erscheinen, dass jenes Quarzit- und Kalk-
vorkommen dem Mitteldevon angehöre. Die in den letzten Jahren ausgeführten Arbeiten der geologischen Landesanstalt haben aber neue Thatsachen
kennen gelehrt, nach welchen es mehr als wahrscheinlich ist, dass der frag-
liche Quarzit von Greifenstein und der benachbarte Kalkstein den obersten
böhmischen, von Barrande noch zum Silur gerechneten Ablagerungen gleich-
zustellen sind. Die Frage, welche Altersstellung denselben zu geben ist,
hängt demnach davon ab, ob man in Zukunft fortfahren wird, jene böhmischen Ablagerungen noch silurisch zu nennen, oder ob man es vorziehen
wird, wie die Geologen der Landesanstalt zu thun geneigt sind, dieselben als
ältestes Devon zu klassificiren (cf. E. Kaiser, Zeitschrift der deutschen geol.
Gesellschaft, Bd. XXIX, 1877, S. 207).

Das Vorkommen dieser Kalke und Quarzite scheint aber eine sehr geringe Verbreitung zu haben, denn in ihrer Umgebung findet man, abgesehen vom Basalte, nur Gebirgsarten, welche unzweifelhaft dem Kulm
oder dem Flötzleeren Sandsteine angehören. Namentlich dürften auch die
Quarzite, welche nordwestlich und westlich von Greifenstein anstehen, nicht
zu der Pentamerusschicht, sondern zum Kulm zu rechnen sein.

Von jüngeren Formationen treten im Reviere nur sehr local auf

das Rothliegende,
der bunte Sandstein,
das Tertiärgebirge und
das Diluvium.

Betrachten wir von den ältesten Schichten beginnend, die im Reviere
auftretenden Formationen etwas näher, so finden wir zunächst fast alle Glie-
der des devonischen Systems vertreten.

Der Spiriferensandstein (ältere rheinische Grauwacke, Coblenzer
Schichten) tritt im Reviere Wetzlar nicht so verbreitet auf, wie in vielen
anderen Revieren des rheinischen Oberbergamtsbezirks, von welchem mehrere
fast ganz von ihm bedeckt sind. Ausser mehreren inselförmigen Erhebungen
desselben bei Steindorf, Garbenheim, Leun, Waldgirmes, Niederkleen, Braunfels [1]) und Königsberg, von welchen sich die bei Steindorf, Braunfels und
Leun gelegenen durch ihren Reichthum an charakteristischen Petrefacten aus-
zeichnen, findet er sich im Reviere in zwei langgestreckten sattelförmigen
Erhebungen, welche sich, conform dem gewöhnlichen Streichen der Gebirgsschichten in Stunde 4, die eine von Niedernbiel bis über Asslar hinaus, die

---

1) Das Vorkommen bei Braunfels, $^1/_4$ Stunde nördlich von diesem Städtchen,
hat eine geringe Ausdehnung und ist auf der von Dechen'schen Karte nicht angegeben, auf der beiliegenden Karte aber mit 2 bezeichnet.

andere von Rossbach bis über Rodenhausen im Reviere Cassel, erstrecken. Ferner findet man den Spiriferensandstein auch an der südlichen Grenze des Reviers bei Kröffelbach, Kraftsolms und Oberkleen, wo er mit den weit verbreiteten Schiefern und Quarziten des Taunus in Verbindung steht. Bei Kraftsolms und Oberkleen führt er auch Versteinerungen. Endlich geht die weit verbreitete Spiriferensandsteinpartie, welche nördlich vom Westerwalde sich über die Kreise Siegen und Altenkirchen, sowie über den nördlichen Theil des Reviers Dillenburg ausdehnt, bei Roth, Simmersbach und Achenbach auch in das Revier Wetzlar über, in welchem sie aber bald unter dem Wissenbacher Schiefer verschwindet.

Auch der Dachschiefer von Gladenbach (33 der Karte), welcher auf der von Dechen'schen Karte als zum Kulm gehörig bezeichnet ist, dürfte nach Ludwigs Untersuchungen (Verz. der Ausarbeitungen Nr. 60) zum Spiriferensandstein gehören. In demselben hat Verfasser kürzlich eine dem Unterdevon angehörige Koralle, die Zaphrentis primaeva, in mehreren Exemplaren gefunden, welche im Rödgerwalde bei Siegen häufig vorkommt.

Der Asslar-Niederbieler Spiriferensandstein-Rücken ist dadurch ausgezeichnet, dass eigentliche Grauwacken auf ihm mehr zurücktreten und dagegen Thonschiefer vorwalten. Wenn nicht die Petrefacten, welche bei Asslar, Klein-Altenstädten und Obernbiel (cfr. Theobald, Verz. der Ausarbeitungen Nr. 47) darin vorkommen, ihn als Spiriferensandstein genügend charakterisirten, so würde man sich versucht fühlen, ihn zum Kramenzel zu rechnen, dessen Gesteinen diejenigen des Rückens an manchen Stellen ähneln.

Nicht unwahrscheinlich ist es, dass die Schiefer bei Burgsolms, Tiefenbach und Stockhausen, welche im südwestlichen Fortstreichen dieses Rückens liegen und auf der von Dechen'schen Karte als zum Kramenzel gehörig bezeichnet sind, ebenfalls zum Spiriferensandstein gehören. Bei den zuerst genannten beiden Orten hat Verfasser seither vergeblich nach Petrefacten gesucht, bei Stockhausen aber, an der Strasse nach Biskirchen, in einer mulmigen Schicht zwischen massenhaften Resten von Crinoideen das Pleurodictyum problematicum und einen Spirifer alatus gefunden (3 der Karte).

Seit langer Zeit allgemein bekannt durch seinen Reichthum an Petrefacten des Spiriferensandsteins ist der Schneeberg bei Rossbach im Kreise Biedenkopf, an dessen südlicher Seite, am Hahnskopfe, in einem Steinbruche neben anderen Versteinerungen das Pleurodictyum problematicum Goldf., Spirifer macropterus Goldf., Spirifer ostiolatus Schloth., Chonetes sarcinulata de Kon. häufig vorkommen. Besonders die letzte Versteinerung erfüllt oft ganze Gesteinsstücke (4 der Karte).

Vor Kurzem ist auch westlich von Achenbach, an der neuen Chaussee von Fischelbach um die Hessenburg nach Mandeln, ein reicher Fundort für die Versteinerungen des Spiriferensandsteins aufgedeckt worden (5).

Die aus fast reinem Quarz bestehenden Einlagerungen des Spiriferensandsteins (Quarzite) kommen innerhalb des Reviers nur bei Oberkleen, am
Wege nach Kleeberg vor, während sie nahe der südlichen Grenze desselben
bei Butzbach schon sehr verbreitet sind.

Der schiefrige Charakter waltet im Allgemeinen vor, doch findet man
auch als Baumaterial verwendbare Grauwacken bei Steindorf, Leun, Kraftsolms und Rossbach.

In dem Dachschiefer bei Gladenbach befinden sich alte, schon vor Jahrhunderten betriebene Schieferkauten, welche Klipstein (Verz. der Ausarbeitungen Nr. 3) ausführlich beschreibt. Gegenwärtig ist darauf ein grösserer
Tagebau im Betrieb.

Sonstige nutzbare Mineralien sind im Spiriferensandsteine seither nur
bei Roth Gegenstand der Gewinnung gewesen. Es setzt daselbst (11 der
Karte) ein Fahlerz, Kupferkies und Zinnober führender Gang auf, welcher
nach Klipstein (Mineralog. Briefwechsel Bd. II pag. 43) im Jahre 1695
entdeckt worden ist und sehr silberreiche Erze geliefert haben muss; denn
bereits im Jahre 1696 wurden aus Rother Silber-Münzen in zwei verschiedenen Grössen geprägt, von welchen man noch jetzt einzelne Exemplare im
Besitze von Bewohnern Roths finden kann. Liebknecht (Verz. Nr. 1) liefert
Abbildungen derselben. Die Grube, unter dem Namen Aurora, Seifenroth und Gottesgabe im Jahre 1852 zuletzt verliehen, aber seitdem
nicht betrieben, verdiente wohl genauer untersucht zu werden. In den
Akten, welche sonst nur bis 1842 zurückgehen, befindet sich eine
alte Handzeichnung vom 7. Juli 1714, unterschrieben von einem Berg-
verwalter J. Schreiber, nach welcher der Hauptgang hora 7$\frac{1}{2}$ streicht
und südlich einfällt, während zwei Nebengänge hora 9 bis 10 streichen.
Nach einem zweiten Risse, welcher vom Markscheider Stoll in Sechshelden bei Dillenburg im Jahre 1835 angefertigt worden ist, hat der
von Nordwesten herangebrachte Stollen, welcher jetzt nicht mehr fahrbar ist,
bei mehreren ganz unmotivirten Krümmungen eine Länge von 335 m. Er
bringt 56$\frac{1}{2}$ m Teufe ein und trifft den Gang bei circa 272 m Länge. Man
ist mit einem Gesenke, in welchem nach Stoll's Angabe sehr schöne Erze
gewonnen worden sind, 27,2 m auf dem 55 Grad betragenden Einfallen des
Ganges niedergegangen. Ein tieferer, 35$\frac{1}{2}$ m Seigerteufe mehr einbringender
Stollen ist nicht bis an den Gang herangebracht worden.

Bei Altenberg, an der Strasse von Wetzlar nach Berghausen, setzt im
Spiriferensandstein ein Schwefelkiesgang auf, welcher im Jahre 1861 untersucht worden ist, hora 1 streicht, mit 70 bis 80 Grad östlich einfällt und
0,15 bis 0,40 m mächtig ist (Grube Heinrich (12)). Der damals geförderte
Schwefelkies war aber so sehr mit Bergart verunreinigt, dass er unverkäuflich blieb.

Der dem Spiriferensandstein angehörige Schiefer bei Waldgirmes wird von einem hora 8 streichenden und südwestlich einfallenden Gange durchsetzt, auf welchem Kupferkies, Bleiglanz, Zinkblende und Schwefelkies eingesprengt vorkommen. — Ein Industrieller aus Giessen lässt auf diesem Gauge gegenwärtig Schürfarbeiten ausführen (13).

Der den Spiriferensandstein zunächst überlagernde Wissenbacher Schiefer (Orthocerasschiefer) tritt nordöstlich von Wissenbach bei Simmersbach in das Revier Wetzlar ein, erhält hier bald eine grössere Breite, als er in dem circa drei Meilen langen Streifen des Reviers Dillenburg, seiner südwestlichen Fortsetzung, hat, und bedeckt ganz oder theilweise die Gemeinden Simmersbach, Oberhörlen, Niederhörlen, Roth, Oberdieten, Niederdieten, Achenbach, Wiesenbach, Klein-Gladenbach, Breidenstein, Breidenbach, Wallau, Weifenbach und Biedenkopf. Von den schönen, in Schwefelkies umgewandelten Versteinerungen, welche er bei Wissenbach, kaum eine Stunde Wegs von der Reviergrenze entfernt, führt, hat Verfasser innerhalb der letzteren noch nichts aufzufinden vermocht. Er ist durchweg ein kieseliger Thonschiefer und bisweilen, ebenso wie bei Wissenbach, als Dachschiefer verwendbar. Schieferbrüche befinden sich in demselben bei Simmersbach, Roth und Oberdieten (6 und 7).

An dem südlichen Rande der mittel- und oberdevonischen Schichten der Lahngegend, zwischen diesen und dem Spiriferensandstein, ist der Orthoceras- oder Wissenbacher Schiefer bis jetzt noch nicht mit Sicherheit nachgewiesen worden, obschon die Schiefer bei Weilmünster und Langhecke bis Balduinstein manche ähnliche Versteinerungen wie die Wissenbacher enthalten dürften.

Auch im Kreise Wetzlar hat man bei Nauborn, auf der rechten Seite des Wetzbachthales (8), in dem auf der von Dechen'schen Karte als Kramonzel bezeichneten Schiefer einen Phacops laciniatus aufgefunden, welcher nach C. Koch (Paläozoische Schichten und Grünsteine in den Aemtern Dillenburg und Herborn § 55) bei Wissenbach und Sechshelden im Orthocerasschiefer vorkommt.

In dem Wissenbacher Schiefer setzen mehrfach Kupfer- und Bleierzgänge auf. Betrieb findet aber seit Jahren nur auf dem Gange der Grube Boxbach bei Klein-Gladenbach statt, welcher hora 10 bis 11 streicht und mit 66° nordöstlich einfällt (9).

Schöne Fahlerze brechen auf dem im Wissenbacher Schiefer aufsetzenden Gauge der Grube Sellnbach bei Breidenstein (10). Schwefelkies kommt in diesem Schiefer in einzelnen Knoten häufig vor.

Was die mitteldevonischen Schichten anlangt, so fehlt im Reviere Wetzlar der in dem nördlichen Theile des rheinischen Uebergangsgebirges so weit verbreitete Lenne- oder Calceolaschiefer gänzlich. Als gleichalterig dürfte der petrographisch davon sehr verschiedene ältere Schalstein anzusehen sein (C. Koch, Paläozoische Schichten und Grünsteine, § 57 ff.). Dieser

bildet das unterste Gebirgsglied in den beiden durch ihren Reichthum an
Eisenerzen ausgezeichneten, dem Mittel- und Oberdevon angehörigen und durch
eine muldenförmige, aus Kulm und Flötzleerem Sandstein bestehende, circa
10 km breite Ueberlagerung getrennten Bezirken der Dill und der Lahn, von
deren Ausdehnung zunächst, um das später Folgende verständlicher zu
machen, ein allgemeiner Ueberblick zu geben sein dürfte.

Der Eisensteinbezirk der Dill, gegen Südwesten unter den Tertiär-
gebilden des Westerwaldes und gegen Nordosten unter dem Kulm, Flötzleeren und Rothliegenden verschwindend, hat eine in dem normalen Streichen
(h. 3 bis 5) sämmtlicher rheinischen Schichten liegende Längenausdehnung
von circa 40 km und eine Breite von circa 11 km. Der Eisensteinbezirk
der Lahn hingegen hat bei paralleler Längenrichtung eine Länge von 75
km und eine Breite von durchschnittlich 15 km. Auf seiner südwestlichen
Grenze treten die älteren Schichten des Spiriferensandsteins an die Tagesoberfläche, während er nach Nordosten, ebenso wie der Bezirk der Dill, unter
dem Kulm und Flötzleeren verschwindet. Er folgt ungefähr dem Laufe der
Lahn, — an seinem nordöstlichen Ende indessen mehr auf der rechten und
am südwestlichen mehr auf der linken Seite derselben liegend, — während
der Bezirk der Dill von diesem Flusse beinahe rechtwinkelig durchschnit-
ten wird.

Von jedem dieser beiden Eisensteinbezirke gehört das nordöstliche Ende
dem Reviere Wetzlar an, und zwar vom Dillbezirke auf 15 km und vom
Lahnbezirke auf 26 km Länge.

Die oberdevonischen Schichten, welche nördlich und westlich von Wolfsgruben bei Biedenkopf und Laasphe ziemlich verbreitet sind, gehören nicht
mehr zu diesen Eisensteinbezirken.

Der ältere Schalstein, welcher am nordwestlichen Rande des Dill-
bezirks innerhalb des Reviers Dillenburg ganz regelmässig auftritt, verschwindet an der östlichen Grenze dieses Reviers und ist in dem zum Reviere
Wetzlar gehörigen Theile des genannten Bezirks nicht mehr zu beobachten.
Im Lahnbezirke hingegen ist er innerhalb des Reviers Wetzlar ein regel-
mässiger Begleiter des nördlichen, regelmässigen Stringocephalenkalkzugs, an
dessen nordwestlicher Seite er als Liegendes von Haina bis Braunfels gegen
3 Meilen weit zu verfolgen ist. Er ist in der Regel von dem jüngeren, dem
Oberdevon angehörigen Schalsteine dadurch petrographisch leicht zu unterscheiden, dass er weniger zur Verwitterung geneigt ist, gewöhnlich eine
frische grüne oder grauliche Farbe hat und in grösseren, oft ganze Berg-
wände bildenden Massen auftritt, während der jüngere Schalstein meistens
sehr verwittert, gelblich, schmutzig blau, grau oder violett gefärbt und selten
mehr als einige Lachter mächtig ist. Wo sich in dem Schalsteine, welcher
an der Lahn von Wetzlar bis Diez das gewöhnlichste natürliche Material zu
Mauerwerken ist, Steinbrüche befinden, da kann man auch mit grösster Wahr-

scheinlichkeit annehmen, dass man es mit älterem Schalstein zu thun habe. Die grossen Schalsteinbrüche am Hauserberge bei Wetzlar und an der rechten Seite der Dill bei Hermannstein gehören dem älteren Schalsteine an. Für den Bergbau ist derselbe im Reviere Wetzlar ohne Bedeutung. Ausser Schwefelkies, welcher in kugelförmigen Concretionen und bei Blasbach auch in schwachen, plattenförmigen Lagen darin vorkommt (14 der Karte), enthält er keine nutzbaren Erze; namentlich stehen die wichtigen Rotheisensteine, welche fast überall den jüngeren Schalstein begleiten, zu ihm in keiner Beziehung. Nur der den Stringocephalenkalk begleitende Phosphorit zieht sich bisweilen, wie bei Waldgirmes, bis in den älteren Schalstein.

Der diesen überlagernde Massenkalk (Eifler Kalk, Stringocephalenkalk, Elberfelder Kalkstein) ist hingegen ein für den Bergbau überaus wichtiges Glied des Mitteldevons, indem er als das Muttergestein der denselben massenhaft überlagernden manganhaltigen Brauneisensteine angesehen werden muss. In dem Eisensteinbezirke der Dill tritt er nur am südwestlichen Ende bei Medenbach und Langenaubach mächtig auf, während er östlich der Dill und namentlich in dem zum Reviere Wetzlar gehörigen Theile dieses Bezirkes gänzlich fehlt. Hingegen erlangt er in dem Eisensteinbezirke der Lahn eine um so grössere Bedeutung. Er durchzieht denselben, von Fellingshausen regelmässig nach Südwesten streichend, bis über die Grenze des Reviers hinaus in einem stellenweise über eine halbe Stunde Wegs breiten Streifen. Neben seinem Hauptzuge befinden sich innerhalb des Lahnbezirks im Reviere Wetzlar noch 4 isolirte Partien desselben, nämlich am Lahnberge und Weinberge bei Wetzlar, am Ebersteine bei Königsberg und westlich von Blasbach.

Ausserhalb der Grenzen des Lahnbezirks, und von demselben durch einen über 1 Meile breiten Streifen des Flötzleeren Sandsteins getrennt, kommt im Reviere noch Massenkalk vor:

1. bei Lützellinden, wo er die westliche Fortsetzung des durch die colossale Mangan- und Eisenerzablagerung in der Lindener Mark bei Giessen im Grossherzogthum Hessen bekannten Kalkes bildet, und

2. an der südlichen Grenze des Reviers, in den Gemeinden Ebersgöns, Oberkleen, Niederkleen und Dornholzhausen, diese Grenze westlich nach Kleeberg hin und östlich bei Kirchgöns und Langgöns nur wenig überschreitend. Fast überall, wo der Massenkalk zu Tage ansteht, sind auch Steinbrüche in demselben angelegt, indem er theils als Fettkalk zur Mörtelbereitung, theils als Flussmittel beim Hohofenprocesse, theils als Baustein, namentlich bei Brückenbauten, verwendet, theils auch, obwohl untergeordnet, als Marmor[1]) zu kleineren Luxusartikeln verarbeitet wird.

---

1) Namentlich der Steinbruch am Hauserthore bei Wetzlar liefert durch die eingeschlossenen Korallen sehr hübsch gezeichnete Marmorsorten.

In neuester Zeit hat sein Verbrauch sehr zugenommen, indem nicht nur der bedeutende Bedarf der Hüttenwerke bei Wetzlar, Burgsolms und Lollar in neu angelegten grossen Brüchen bei Hermannstein, Burgsolms und Rodheim gewonnen, sondern auch zu den im Bau begriffenen Lahnbrücken der Berlin-Coblenzer Eisenbahn bei Wetzlar und Garbenheim dieser Kalkstein verwendet wird.

Ausserdem sind auch noch zwei auf den weiteren Export ihrer Produkte nach Osten und Süden berechnete grosse Kalköfen am Bahnhofe Albshausen kürzlich erbaut worden, welche täglich 500 Centner gebrannten Kalk liefern sollen.

Der Massenkalk ist überall mit Versteinerungen, namentlich Korallen und Brachiopoden, angefüllt; aber meistentheils sind dieselben so innig mit der Gesteinsmasse verwachsen, dass es unmöglich ist, deutliche Exemplare auszuscheiden. An mehreren Stellen aber — Verfasser nennt hier nur die Grube Hainau bei Waldgirmes[1]), den Steinbruch am Hauserthore bei Wetzlar und den Bruch der Georgshütte bei Burgsolms — ist die Verwitterung des Kalks so weit vorgeschritten, dass die Versteinerungen von selbst herausfallen oder sich ohne Schwierigkeit ausscheiden lassen. Die Grube Hainau ist seit einigen Jahren ein viel besuchter Fundort für die Versteinerungen des Massenkalks. Höhlen, in welchen sich auch Reste von Thieren der Diluvialzeit befinden, kommen in diesem Kalke vor an der Dahlheimer Kapelle bei Wetzlar und südlich von Oberkleen.

Im Massenkalk tritt untergeordnet Dolomit auf. Er befindet sich gewöhnlich nur an der Oberfläche des Kalks und geht nach der Tiefe hin allmählich in diesen über. Man kann die Umwandlung des Kalks in Dolomit durch alle Stadien verfolgen. Eigenthümlich ist es, zu beobachten, wie einzelne Kalkfelsen der Umwandlung in Dolomit Widerstand zu leisten vermocht haben.

Die Dolomitablagerungen sind oft kaum 1 m und selten über 10 m mächtig. Sie stehen in enger Beziehung zu den Lagerstätten manganhaltigen Brauneisensteins, welche auf dem Massenkalke liegen, indem da, wo diese Lagerstätten besonders entwickelt sind, auch die Dolomitisirung des Kalks immer weit vorgeschritten ist. Wo die Brauneisensteine vorkommen, da pflegt auch der Dolomit nicht zu fehlen, und wo reiner Kalk, ohne Uebergänge in Dolomit gefunden wird, da wird man in der Regel nach Brauneisenstein vergeblich suchen.

Obwohl alle Eisenerze des Reviers Wetzlar und namentlich die auf dem Massenkalk gelagerten Brauneisensteine einen beim Schmelzprocesse wohl bemerkbaren Gehalt an Zink haben, so kommen doch die an anderen Orten bei diesem Kalke so häufig auftretenden reineren Zinkerze (Galmei) hier

---

1) Die auf dieser Grube vorkommende sehr reiche fossile Fauna ist von F. Maurer beschrieben worden. (Verz. der Ausarbeitungen Nr. 69.)

nur selten vor. Ein solcher Punkt befindet sich bei Hermannstein (15 der Karte).

Gewöhnlich ist der Dolomit verwittert, und bisweilen ist die Verwitterung so weit vorgeschritten, dass er nicht mehr ein zusammenhängendes Gestein, sondern eine lockere sandige Masse ist.

Man benutzt den Dolomit zur Darstellung hydraulischen Kalks. Beträchtliche Quantitäten solchen Kalks werden gegenwärtig von hier in die Gegend von Neuwied verschickt, um dort bei der Anfertigung der sogenannten Schwemmsteine verwendet zu werden.

Noch verbreiteter, als das Unter- und Mitteldevon ist das Oberdevon im Reviere Wetzlar. Dasselbe ist, weil in ihm die reichen Rotheisensteinablagerungen auftreten, bergmännisch am genauesten untersucht worden. Dem Oberdevon gehören an:

die Kramenzelschiefer (Cypridinenschiefer),

die Kramenzelkalke (Goniatiten- oder Clymenienkalke),

die Kramenzelsandsteine,

der jüngere Schalstein und

die Diabase.

Die Kramenzelschiefer, im frischen Zustande fast immer roth oder grün gefärbt, treten besonders mächtig und deutlich entwickelt auf bei Werdorf, Ulm, Braunfels und Biedenkopf. Cypridinen hat Verfasser in denselben innerhalb des Reviers Wetzlar bis jetzt nur bei Allendorf im Ulmthale (16) aufgefunden, wo ihr Vorkommen auch von Sandberger (Versteinerungen des rheinischen Schichtensystems S. 5) erwähnt wird.

Brauchbare Dachschiefer sind darin noch nicht aufgeschlossen. Die bei Allendorf im Ulmthale (17) und bei Holzhausen an der Eder (18) früher ausgeführten Versuche sind wieder aufgegeben worden.

Die Kramenzelkalke treten gewöhnlich nur untergeordnet in einzelnen Bänken zwischen dem Schiefer oder zwischen Schiefer und jüngerem Schalstein auf, z. B. auf den Gruben Juno bei Nauborn (19), Philippswonne bei Garbenheim (20), Emma bei Allendorf (21), Hector bei Ulm (22), und bilden dann häufig das Hangende von Rotheisensteinlagern; bisweilen aber erscheinen sie auch in mächtigeren Ablagerungen, z. B. in den Steinbrüchen von Ehringshausen und Werdorf. Sie sind von den Massenkalken dadurch leicht zu unterscheiden, dass sie deutlich geschichtet sind, zwischen den Schichten in der Regel dünne Thonschieferlagen einschliessen und nicht — wie jene — aus fast reinem kohlensaurem Kalk bestehen, sondern oft 10 Proc. und mehr Kieselsäure und Thonerde enthalten. Die Schichten derselben sind bisweilen in bizarrer Weise gebogen und geknickt, z. B. bei Ehringshausen (23) und Werdorf (24), wodurch sie denjenigen des Kulms ähnlich werden. Als Baumaterial haben diese Kalke vor den Massenkalken den Vorzug, dass sie, weil deutlich in meistens nicht sehr dicken Bänken abgelagert, einen bahnigen, lagerhaften, für gewöhnliches Mauerwerk geeigneteren, leichter zu bearbeitenden Stein liefern. Grössere Platten derselben werden zu Trottoirs u. s. w. verwendet.

Stellenweise enthalten diese Kalke ziemlich viel Eisenoxyd und gehen sogar in arme Rotheisensteine (Flusssteine) von 12 bis 36 Proc. Eisengehalt über, z. B. auf den Gruben Buch (25) und Rosa (26) bei Braunfels, Krumm (27) und Friedrichswonne (28) bei Bonbaden, Philippswonne (20) bei Garbenheim, Hector bei Ulm (22), Gefion bei Ehringshausen (29) u. s. w.

Die Versuche, reinen Kramenzelkalk als Zuschlagmittel beim Hohofenprocesse zu verwenden, sind aufgegeben worden, weil dieses Gestein zu viele für den Schmelzprocess nachtheilige Beimengungen und nur höchstens 90 Proc. kohlensauren Kalk enthält.

Versteinerungen, namentlich Goniatiten, kommen im Kramenzelkalke auf den Gruben Philippswonne (20) und Maria bei Leun (30), sowie bei Asslar (31) und Werdorf (32) vor.

Kramenzelsandsteine treten im Kreise Wetzlar nur untergeordnet auf, z. B. bei Nauborn und bei Leun. Verbreiteter sind sie in der mächtigen Kramenzelpartie von Biedenkopf, wo sie auch als Bau- und Pflastersteine verwerthet werden.

Der jüngere Schalstein ist für den Bergbau deshalb von der grössten Wichtigkeit, weil er der treue Begleiter der Rotheisensteinlager ist. Die Fälle, in welchen er nicht entweder das Liegende oder das Hangende dieser Lager bildet, gehören zu den Seltenheiten. Es ist bereits oben angegeben worden, wie er von dem älteren Schalsteine petrographisch leicht zu unterscheiden ist. Auf dem Wetzlar-Braunfelser Rotheisensteinlagerzuge bildet er, nur hin und wieder durch mandelsteinartige Grünsteine ersetzt, regelmässig das Liegende der Lager, während er bei den ausserhalb dieses Zuges liegenden, im allgemeinen weniger regelmässigen Lagern auch nicht selten im Hangenden auftritt.

Technisch verwendbar ist dieser Schalstein nicht; höchstens benutzt man ihn, wo er leicht gewinnbar ist, als Versatzmaterial in den Grubenbauen.

Der Diabas tritt so häufig in Wechsellagerung mit den verschiedenen Gliedern des Oberdevons auf, dass es nothwendig erscheint, ihn hier aufzuführen. Es gehören hierher die auf der von Dechen'schen Karte in der Dill- und Lahngegend als Labradorporphyr, ein Theil der als Melaphyr und vielleicht auch ein Theil der als Hypersthenfels bezeichneten Gesteine. Ebenso dürften die von C. Koch (Verz. der Ausarbeitungen Nr. 45) als Eisenspilite bezeichneten Gesteine grösstentheils zum Diabas zu rechnen sein. Stellenweise scheinen diese Spilite in Melaphyr überzugehen, z. B. bei Katzenfurt, Bechlingen u. s. w. Charakteristisch für den Diabas ist das sehr seltene Vorkommen von Quarz (im Ulmthale bei Bissenberg) und die sehr häufige Beimengung von Kalkspath, welcher theils auf Klüften und Adern, theils in grösseren oder kleineren Mandeln darin auftritt. Oft ist der Kalkspath im Laufe der Zeit wieder ausgewittert, wodurch das Gestein ein blasiges Ansehen erhält.

Die beim Diabase vorkommenden Rotheisensteinlager sind im Allgemeinen reicher an Kiesel, als die dem Schalsteine angehörigen. Wenn aber der Diabas und namentlich der Diabasmandelstein weit in der Verwitterung vorgeschritten ist, so kommen auch recht edle Rotheisensteine dabei vor.

Die dichten Diabase werden als Strassenbaumaterial verwendet. Die vorzüglichsten Arten derselben stehen zu diesem Zwecke den Basalten an Qualität nahe, sind auch, wenn man von den die letzteren mehr kennzeichnenden Beimengungen von Olivin und Magneteisenstein absieht, von ihnen nur etwa durch eine immer etwas in das Grüne spielende Farbe zu unterscheiden. Ein solcher dichter Diabas kommt z. B. zwischen Niedernbiel und Leun an der Kreisstrasse und bei Stockhausen am Lohrberge vor. An einigen Stellen zeigt der Diabas, ganz wie der Basalt, säulenförmige Absonderung. Allgemein bekannt durch mehrfache Abbildung in Lehrbüchern ist in dieser Beziehung der Diabas an der Kreisstrasse zwischen Obern- und Niedernbiel.

Weniger schön findet man diese Absonderung im Diabase unterhalb Niedernbiel und unterhalb Leun, ebenfalls an der Kreisstrasse.

Das Vorhandensein des auf dem nordwestlichen Abfall des rheinischen Schiefergebirges vorkommenden obersten Gliedes des Oberdevons, des Verneuilischiefers, ist im Reviere Wetzlar noch nicht constatirt worden und auch nicht wahrscheinlich.

Aus der Carbonformation tritt als unterstes Glied der Kulm ziemlich verbreitet auf. Namentlich im Kreise Biedenkopf bedeckt derselbe grosse Flächen, im Ganzen wohl beinahe die Hälfte dieses Kreises. Die Gesteine desselben sind vorwaltend Thonschiefer (Griffelschiefer, Blätterschiefer, Posidonomyenschiefer), dann Kalke (Plattenkalke), Kieselschiefer (Lydite) und Sandsteine.

Der Posidonomyenschiefer ist bisweilen als Dachschiefer verwerthbar. Es befinden sich Dachschieferbrüche im Kulmschiefer bei Königsberg (34), Ehringshausen (35) und Holzhausen im Ulmthale (36). An mehreren anderen Orten sind die darin ausgeführten Arbeiten noch nicht über das Stadium von Versuchen vorgeschritten, z. B. bei Oberkleen, Frankenbach, Battenberg, Edingen u. s. w. Die für das Gestein charakteristische Posidonomya Becheri Bronn. (P. acuticosta Sandb.) findet man innerhalb des Reviers häufig am Schlossberge bei Battenberg (37) und zwischen Ehringshausen und Kölschhausen, rechts von der Lemp, im Walddistricte Wirhard (38).

Der Kulmkalk tritt namentlich im Kreise Biedenkopf ziemlich verbreitet auf. Grössere Steinbrüche befinden sich in demselben bei Oberweidbach (39), Erdhausen (41), Gladenbach (42), Rüchenbach (40) und Buchenau

(43). Die Steine der vier ersteren Brüche werden nur als Baumaterial, die des letzteren auch als Zuschlagmittel beim Betriebe der Holzkohlenhohöfen der oberen Lahn verwendet, obwohl sie ziemlich viel Kiesel enthalten und deshalb, namentlich in neuerer Zeit, so viel wie möglich durch kalkhaltige Rotheisensteine aus der Gegend von Königsberg, Leun und Waldgirmes ersetzt werden. Im Kreise Wetzlar kommen Kulmkalke nur untergeordnet zwischen Katzenfurt und Edingen und bei Holzhausen (44) vor. Bei letzterem Orte werden sie auch in einem Steinbruche ausgebeutet.

Der Kieselschiefer bildet oft ganze Berge, welche meist ähnliche Conturen haben, wie die Basaltköpfe. Der Dünstberg bei Fellingshausen, ein für die europäische Gradmessung benutzter Höhenpunkt erster Ordnung (499,70 m hoch), besteht fast ganz aus Kieselschiefer. Aehnliche aus Kieselschiefer bestehende Erhebungen sind der Alteberg bei Hohensolms, der Adlerhorst bei Bechlingen, der Rossberg bei Elmshausen und namentlich die zahlreichen spitzen Kegel zwischen Wallau und Hatzfeld. Im Kreise Biedenkopf, wo Basalte, den bei Waldgirmes an der Kreisgrenze gelegenen Königsstuhl ausgenommen, gänzlich fehlen, ist der Kieselschiefer das gewöhnliche Chausseebaumaterial. Auch als Mauerstein wird er verwendet. Im Kreise Wetzlar benutzt man ihn nur als Deckmaterial für untergeordnete Communalstrassen, weil hier der zum Strassenbau geeignetere Basalt fast überall zur Verfügung steht. Schöne Kieselschieferprofile, an welchen grossartige Biegungen und Faltungen der Schichten zu beobachten sind, findet man bei Hatzfeld (45), Wallau (46), Battenberg (47) und Steindorf (48).

Kulmsandsteine treten zwischen den Kulmschiefern ziemlich häufig auf, z. B. bei Wolfsgruben, Buchenau und Katzenfurt. Weniger häufig sind die Kulmquarzite; doch kommen sie am Schalsberge bei Oberkleen und am Hornberge bei Herzhausen mächtig vor. Unzweifelhaft gehört auch — wie oben schon gesagt — ein Theil der Greifensteiner Quarzite, welche stellenweise sehr mächtig sind, den Kulmschichten an. Man verwendet dieselben dort zum Wegebau.

In der Formation des Kulms setzen bisweilen Erzgänge auf, z. B. der Kupfer- und Bleierzgang der Grube Goldkaute bei Weidenhausen (49), der Fahlerzgang am Kirchberge bei Gladenbach (50), auf welchem schon im 16. Jahrhundert Bergbau umging und aus dessen Silber die bekannten Gladenbacher Thaler (1588) geprägt worden sind.

Auf der Grube Ludwigshoffnung bei Bellnhausen (51) führt ein im Kulmschiefer als linsenförmige Stockwerke aufsetzendes Feldspathgestein vielfache Einsprengungen von Nickel- und Kupfererzen.

Bei Dexbach, auf der Grube Ludwig (52) kommt auch ein mit gesäuerten Kupfererzen imprägnirter Kieselschiefer vor. Die zur Auslaugung desselben auf der Erlenmühle bei Eckelshausen errichtete Anstalt ist indess schon seit Jahren zum Erliegen gekommen.

Zwischen den Schichten des Kulms, namentlich des Kieselschiefers, treten schwache Ablagerungen von geringhaltigen Manganerzen bei Wallau, Weifenbach, Hatzfeld, Eifa, Holzhausen, Reddighausen und Battenberg auf, welche früher Gegenstand bergmännischer Gewinnung gewesen sind. Gegenwärtig werden wieder im Districte „Horst" bei Laisa auf Manganerzen im Kulm Versuchsarbeiten betrieben, durch welche bereits ein Braunsteinlager von 1 bis 3 Fuss Mächtigkeit in beträchtlicher Länge nachgewiesen worden ist.

Ueber dem Kulm liegt der Flötzleere Sandstein (jüngere Grauwacke), die verbreitetste Formation des Reviers. Er bedeckt ungefähr die Hälfte des Kreises Wetzlar und tritt auch im Kreise Biedenkopf häufig auf, obwohl etwas weniger ausgedehnt, als der Kulm. Auf der linken Lahnseite durchzieht er den Kreis Wetzlar in einem über eine Meile breiten Streifen. Ferner tritt er auch im nördlichen Theile dieses Kreises bei Kölschhausen, Dreisbach, Bellersdorf, Altenkirchen, Mudersbach, Erda, Salzböden, Odenhausen, Krofdorf, Kinzenbach, Atzbach und Dorlar sehr verbreitet auf. Im Kreise Biedenkopf ist er deutlich ausgeprägt bei Kombach, Engelbach, Dexbach, Oberasphe und Bromskirchen. Der Flötzleere ist meistens, namentlich im Kreise Wetzlar, in der Verwitterung sehr weit vorgeschritten und besteht sogar bisweilen aus lockeren, fast sandigen Massen. Wo er seine Frische erhalten hat, wird er wohl als Bau- oder Strassenmaterial verwendet, ist jedoch für beide Zwecke von untergeordnetem Werthe.

Petrefacten sind im Flötzleeren im Allgemeinen sehr selten, jedoch besitzt die hiesige Bergvor- und Steigerschule einen Calamites transitionis aus der Gegend von Oberwetz (53), und bei Kombach befinden sich in ihm mehrere Steinbrüche und Entblössungen, wo strohhalm- bis armdicke Calamiten ziemlich häufig sind (54, 55, 56, 57, 58).

Ueber dem Flötzleeren tritt an einigen Stellen, an der östlichen Grenze des Reviers bei Frohnhausen an der Main-Weserbahn, bei Laisa, Berghofen, Battenfeld, Rennertehausen und Bromskirchen das Rothliegende auf. Es besteht meistens aus einem nicht sehr groben Conglomerate von Bruchstücken der Gesteine der Kulmformation und des Flötzleeren, welche durch ein stark eisenoxydhaltiges Bindemittel zusammen gehalten werden, und bleibt bezüglich seiner Festigkeit hinter den Conglomeraten der Steinkohlenformation und des Rothliegenden in anderen Gegenden sehr zurück.

Interessant ist das Rothliegende von Laisa dadurch, dass in ihm sehr sauerstoffreiche Manganerze gangartig auftreten (59). Es scheint, dass der in jener Gegend reiche Mangangehalt des Kulms theilweise dahin übergeführt worden ist.

Bei Battenfeld (60) hat man an der Eder eine Versuchsarbeit auf Steinkohlen ausgeführt. Nach Durchteufung des Rothliegenden ist man aber sofort in den Kulm gekommen. Die angeblich bei dieser Schürfarbeit gefundenen Pflanzenabdrücke der Steinkohlenformation (Neuropteris tenuifolia) scheinen in der Absicht, die Unternehmer zu täuschen, aus anderer Gegend dorthin gebracht worden zu sein.

Als Baumaterial ist das Rothliegende des Reviers nicht verwendbar.

Das Rothliegende ist bei Berghofen und Rennertehausen innerhalb des Reviers von Buntem Sandstein überlagert. Dieser besteht aus lockeren, zu Bauwerken ungeeigneten Sandsteinen und rothem Schieferthon. Einzelne dünne Lagen der Sandsteine sind so reich an Eisenoxydhydrat, dass sie als Brauneisensteine angesehen werden können (Grube Segelsberg bei Berghofen (61)).

Den ganz in der Nähe der Reviergrenze bei Röddenau und Frankenberg zwischen dem Rothliegenden und dem Bunten Sandstein vorkommenden Zechstein, auf dessen Kupferschieferflötz hier seit einigen Jahren wieder Bergbau im Betriebe ist, hat man innerhalb des Reviers noch nicht beobachtet.

Ueber dem Bunten Sandsteine fehlen im Reviere alle jüngeren Formationen der Secundär-Periode. Hingegen treten tertiäre Bildungen hin und wieder im Kreise Wetzlar auf. Die Basalte und Basalttuffe des Westerwaldes geben an der nordwestlichen Grenze dieses Kreises bei Greifenstein in das Revier über. An der nordöstlichen Seite des aus Basalt bestehenden Stoppelbergs bei Wetzlar findet man tertiäre Quarzite (Baunkohlensandsteine) (62) und bei Klein-Rechtenbach, in dessen Nähe das Vorkommen von Basalten nicht bekannt ist, gehen dieselben Quarzite zu beiden Seiten der Butzbacher Chaussee ebenfalls zu Tage aus (63). Bei Greifenstein ist auch ein Braunkohlenflötz bekannt (Grube Bierhain (64)). Das Liegende dieses Flötzes ist angefüllt mit Süsswassermuscheln, namentlich Planorben; auch Reste eines Cheloniers hat man darin gefunden. Ein mächtiges Braunkohlenflötz mit ähnlichem Liegenden wie bei Greifenstein befindet sich unmittelbar an der Grenze des Reviers bei Niederkleen in den hessischen Gemarkungen Langgöns, Kirchgöns und Pohlgöns (65).

Auch die Brauneisenstein-Ablagerungen über dem Massenkalke und die darüber befindlichen Ablagerungen von Quarzgeröll mögen der Tertiärperiode angehören.

Diluviale Ablagerungen, hauptsächlich aus Lehm bestehend, befinden sich häufig in grösserer Mächtigkeit über den tertiären Gerölle-Ablagerungen und liegen auch bisweilen unmittelbar auf den über dem Massenkalke befindlichen Ablagerungen manganhaltigen Brauneisensteins.

Sonst findet man, abgesehen von den ziemlich häufigen, aber meistens nur einige Meter mächtigen Lehmablagerungen, mächtigere Diluvialbildungen nur noch hin und wieder über dem Flötzleeren, z. B. bei Dudenhofen, Lützellinden und Hörnsheim.

Alluviale Bildungen findet man hauptsächlich in den Fluss- und Bachthälern.

Anthropologisch interessant sind die aus der Steinzeit herrührenden Funde. Im Grubenfelde Hainau bei Waldgirmes (146) fand man im Frühjahre 1873 bei einer Schürfarbeit circa 1 m unter der Oberfläche ein aus Quarzit bestehendes kleines Steinbeil, ein Messer aus Feuerstein und einige von einem menschlichen Körper herrührende Knochenreste, unter welchen das Ellenbogengelenk vom rechten Arme zu erkennen war. (Verhandl. des naturhistorischen Vereins der preussischen Rheinlande und Westphalens, Jahrg. 1873, Corresp.-Bl. p. 53.) Bei der Dahlheimer Kapelle war schon früher ein aus rothem Jaspis bestehendes Steinbeil gefunden worden.

Die im Rheinthale und an anderen Orten Deutschlands in der Nähe alter Ansiedelungen häufig vorkommenden kleinen Hufeisen hat man im Lahnthale bei Buchenau in 3 bis 4 m Tiefe bei der Herstellung der Fundamente der Karlshütte zahlreich aufgefunden. Ludwig (Verz. der Ausarbeitungen Nr. 61) vermuthet, dass die früheren Bewohner des Schlosses Hohenfels, dessen Ruinen noch jetzt bemerkbar sind, diese Stelle als Pferdeweide benutzt haben. Bei der Erbauung der Lahnbrücke am Hauserthore bei Wetzlar fand man in einer Tiefe von 4 m ebenfalls ein solches Hufeisen.

Alte Wälle, Wallgräben und Verschanzungen, theilweise noch aus vorchristlicher Zeit herrührend, findet man am Dünstberge bei Fellingshausen, am Alberge bei Runzhausen und am Himberge bei Atzbach.

Ueber die im Reviere vorkommenden krystallinischen Gesteine dürfte Folgendes kurz anzuführen sein.

Als die ältesten krystallinischen Gesteine treten diejenigen auf, welche in der früheren Zeit mit dem Namen Grünstein bezeichnet und bis in die neuere Zeit in die beiden Familien der Oligoklas- und Labradorgesteine getrennt wurden, deren oft sehr schwierige Untersuchung aber keineswegs schon abgeschlossen ist und zur Zeit den Landesgeologen Dr. Moesta zu Marburg beschäftigt. Gesteine beider Familien sind in mannichfachen Varietäten vorhanden und treten in häufiger Wechsellagerung mit den verschiedenen Abtheilungen des Oberdevons und der Carbonformation auf, obgleich auch diese Sedimentgesteine von ihnen an vielen Stellen durchsetzt werden. So durchsetzen sehr deutliche Diabase die Kulmschichten am Köhlerberge bei Oberwetz und bei Dornholzhausen und sogar den Flötzleeren bei Salzböden. Der letztere Punkt, welcher auf der von Dechen'schen Karte nicht angegeben ist, ist auf der dieser Arbeit beigefügten Karte mit M bezeichnet.

Unter den Oligoklas-Gesteinen sind die Diorite am Mattenberge bei Lixfeld, am Galgenberge bei Oberhörlen, an der Schönhell und am Hellersberge bei Oberdieten und auf der linken Seite des Dietebachs zwischen Ober- und Niederdieten hervorzuheben. Von den Labrador-Gesteinen ist Diabas, Diabas-Mandelstein, Labradorporphyr und Hyperit am meisten verbreitet, während Gabbro nur vereinzelt auftritt. Die Diabase und die Diabas-Mandelsteine kommen vorzugsweise in der Gesellschaft des Kramenzels und die Hyperite in der Gesellschaft des Kulms vor; aber man findet auch andererseits Hyperite in unmittelbarer Berührung mit Kramenzel, Schalstein und Diabas am Bahnhofe Braunfels, weit entfernt von allen zum Kulm gehörigen Gesteinen. In dem Eisensteinbezirke der Dill sind die Diabase viel häufiger und mächtiger, als im Lahnbezirke, aber im östlichen Theile des ersteren, im Kreise Biedenkopf, treten sie auch schon gegen die hier sehr verbreiteten Hyperite zurück. Charakteristische Vorkommen von Diabas und Labradorporphyr findet man in der Fuchsheck bei Bonbaden, im Einschnitt der Deutz-Giessener Eisenbahn bei Dillheim, bei Niedernbiel an der Kreisstrasse, bei Kraftsolms an der rechten Seite des Solmsbachthals, bei Lixfeld, wo ein aus dem Reviere Dillenburg kommender Diabaslagerzug sein Ende findet, am Staffenberge bei Niederhörlen, am Mittelberge, der Schlinke und dem Görzbachsköppel bei Quotshausen, am Lienchen bei Niederdieten und an mehreren kleinen Kuppen bei Wolzhausen und Quotshausen. Schöne Diabas-Mandelsteine kommen vor im Grundwalde bei Hohensolms auf der Grube Blasbacherwerk, am Ziegenberge bei Tiefenbach, südwestlich von der Bielerburg, im Ulmthale bei Bissenberg und Allendorf, am Eltersberge bei Dernbach, im Salzbödethal bei Endbach, am Wartkopf bei Wommelshausen u. s. w. Die Hyperite findet man deutlich ausgeprägt am Morskopf bei Bissenberg, am Hohenkopf bei Asslar, in der Pfaffenmark bei Blasbach, am Birschel bei Katzenfurt, am Hassenrod und am Rahnsberge bei Biedenkopf, am Aarennest bei Engelbach, am Hitzberge bei Steinperf, am Steifenkopf bei Holzhausen a. d. Dautphe, bei Amelose und Mornshausen a. d. Dautphe, am linken Gehänge des Lahnthals bei Buchenau, an der Forst bei Bellnhausen und an der Nickemark bei Frankenbach. Fundorte des Gabbro sind am Alteberg, Himmelborn, Schwarzeberg und Hasenlauf bei Biedenkopf, an der Erlenmühle, Martinswiese und Ausbach bei Eckelshausen, am Schlossberge bei Hohensolms und Königsberg, am Alberg bei Runzhausen, an der Burg bei Buchenau.

Manche Grünsteine des Kreises Biedenkopf liefern ein vortreffliches Baumaterial. Die Brüche an den Thalsteinen bei Oberdieten und am Galgenberge bei Oberhörlen sind bekannt durch ihre Werkstücke, welche zu Brückenbauten, Thorpfosten, Krippen etc. verwendet werden.

Ausser den Grünsteinen tritt auch noch Feldspathporphyr im Devon innerhalb des Reviers Wetzlar an sechs Punkten auf, jedoch nicht so ausgedehnt, wie an der untern Lahn z. B. am Schlossberge bei Diez.

Von diesen Punkten liegen zwei zwischen Wetzlar und Garbenheim an der Kreisstrasse, einer bei Hermannstein an der Chaussee, einer am Simberge, an der Genze der Gemeinden Naunheim und Niedergirmes, einer an der neu erbauten Erzladestelle der Lahnbahn bei Burgsolms und endlich einer auf der Grube Boxbach bei Klein-Gladenbach. Die letzeren beiden Punkte sind auf der von Dechen'schen Karte nicht angegeben.

Der Burgsolmser ist erst durch die Eisenbahnbauten deutlich entblösst worden und der Porphyr auf der Grube Boxbach ist nicht an der Tagesoberfläche, sondern nur in den Grubenbauen zu beobachten. Vielleicht steht der letztere in gewisser Beziehung zu dem langen Streifen von Porphyrkuppen, welcher sich am südöstlichen Rande der grossen Spiriferensandstein-Ablagerung des Siegener Landes von Niederdresselndorf bis Eibelshausen hinzieht.

Der Porphyr am Taubenstein zwischen Wetzlar und Garbenheim zeigt säulenförmige Absonderung. Leider werden die Säulen in Folge des Baues der Berlin-Wetzlarer Eisenbahn jetzt abgebrochen.

Dass Basalte im Reviere vorkommen, ist bereits mehrfach erwähnt worden. Sie treten zwischen den beiden grossen Basaltgebieten des Westerwaldes und des Vogelsgebirges im Kreise Wetzlar nur in einzelnen, das Devon, den Kulm oder den Flötzleeren durchbrechenden inselförmigen Erhebungen auf.

Auf der von Dechen'schen Karte sind folgende Basaltpunkte angegeben:

1. der Hinstein, westlich von Greifenstein,
2. Schloss Greifenstein,
3. östlich von Greifenstein in der Heg,
4. der Thalbachskopf, südöstlich von Greifenstein,
5. das Köpfchen, südlich von Greifenstein,
6. der Atzelberg, westlich von Daubhausen,
7. der Oberwald, südwestlich von Daubhausen,
8. das Rothenbachsköpfchen bei Ulm,
9. der Kesselberg bei Ulm,
10. die Hoheleiter bei Ulm,
11. die Leuner Burg,
12. die Bieler Burg,
13. der Wilhelmskopf bei Stockhausen,
14. der Lobwiesküppel bei Allendorf,
15. der Arnsberg bei Allendorf,
16. die Schäferburg bei Niedernbiel,
17. der Himberg (Königsstuhl) bei Atzbach und Waldgirmes,
18. Vetzberg,
19. Gleiberg,
20. die Wetterberge bei Launsbach, ein langgestreckter Basaltrücken mit sieben wenig hervorragenden Spitzen,
21. der Alteberg bei Odenhausen,
22. der Spitzeberg bei Münchholzhausen,
23. am Zwerggrund bei Garbenheim,
24. der Stoppelberg bei Wetzlar,
25. ein Punkt am südöstlichen Hange des letzteren,
26. der Kalsmunt bei Wetzlar,
27. Schloss Braunfels,
28. der Koppen bei Tiefenbach.

Ausser diesen Punkten sind noch zwei weitere Erhebungen, die eine circa 3 km südwestlich von Salzböden, die andere 1 km westlich von Edingen aufgefunden worden, welche beide auf der beigefügten Karte bezeichnet sind. Die Basaltpartie am Köpfchen, 1 km südlich von Greifenstein, ist auf der von Dechen'schen Karte nach Nordwesten zu weit ausgedehnt; ihre wirkliche Grenze ist durch eine punktirte Linie auf der beigefügten Karte angegeben.

Schöne säulenförmige Absonderung zeigen die Basalte des Reviers selten. Erkennbar ist dieselbe am Kalsmunt bei Wetzlar, am Schlossberge zu Braunfels, bei der Ruine Greifenstein u. s. w. Das Gestein der bekannten Koppe von Kölschhausen, welches auf der von Dechen'schen Karte als Phonolith bezeichnet ist, ist nach der Untersuchung von A. B. Emmons nicht Phonolith, sondern ebenfalls Basalt.

Hier dürften schliesslich noch die vulkanischen Tuffe (lose Bimssteine) anzuführen sein, welche an den auf der von Dechen'schen Karte bezeichneten Stellen bei Ober- und Niederlemp, Bermol, Bellersdorf, Altenkirchen, und Allendorf im Ulmthale und ausserdem auch noch an zwei weiteren Stellen, nämlich nordwestlich von Bischoffen und südöstlich von Tiefenbach vorkommen. Beide letztere Stellen sind auf der beigefügten Karte angegeben. Die Bewohner der Gegend nennen diese Tuffe Fuchssand, weil die Füchse ihre Höhlen gern darin anlegen.

IV. Uebersicht der im Reviere bekannt gewordenen nutzbaren Fossilien und Mineralquellen.

Die wichtigeren nutzbaren Fossilien des Reviers sind bereits in dem geognostischen Theile dieses Aufsatzes genannt worden. Kleine Wiederholungen werden deshalb nicht ganz zu vermeiden sein.

A. Metallische Fossilien. Erze.

1. Von Erzen der edlen, für sich reducirbaren Metalle kommt, abgesehen von den Goldspuren, welche sich im Sande der Eder vorfinden, und von den silberhaltigen Fahlerzen, welche unter den Kupfererzen aufgeführt werden sollen, nur Zinnober im Reviere vor. Es sind drei Fundorte desselben bekannt geworden, nämlich:

a. die Gruben Aurora, Seifenroth und Gottesgabe (11) bei Roth (Klipstein, Mineralog. Briefwechsel, Bd. II. pag. 43 ff.), bereits oben erwähnt,

b. die Naumark bei Gladenbach (66). Hier findet sich Zinnober auf Klüften im zersetzten Hyperit (Klipstein, zweite Reise, vierter Brief, pag. 35 ff.),

c. die Grube Ludwig bei Hohensolms (67). Hier ist auf einer Kluft in verwittertem Schalstein sehr reiner Zinnober in derben, oft mehrere Kubikzoll grossen Stücken vor circa 25 Jahren gefunden worden. Einige Versuche, eine weitere Verbreitung des Vorkommens zu konstatiren, sind in den Jahren 1850 bis 1854 und 1869 ausgeführt worden, aber ohne Erfolg geblieben. Hingegen hat man vor Kurzem einige hundert Meter weiter nördlich im Grubenfelde Leo wieder Zinnober aufgefunden.

2. Von den Erzen der unedlen Metalle kommen im Reviere vor Kupfer-, Nickel-, Kobalt-, Blei-, Zink-, Mangan- und Eisenerze, und zwar:

a. von Kupfererzen: Rothkupfererz,
                          Kupferkies,
                          Fahlerz,
                          Kupferpecherz,
                          Ziegelerz,
                          Malachit,
                          Kupfergrün,
                          Kupferlasur;

b. von Nickelerzen: Eisennickelkies,
                          Haarkies,
                          Nickelocker;

c. von Kobalterzen: Kobaltbeschlag;

d. von Bleierzen: Bleiglanz,
                          Weissbleierz;

e. von Zinkerzen: Zinkblende,
                          Galmei;

f. von Manganerzen: Manganit,
                          Pyrolusit,
                          Braunit,
                          Hausmannit,
                          Wad,
                          Psilomelan;

g. von Eisenerzen: Magneteisenerz,
                          Eisenglanz,
                          Rotheisenerz,
                          Brauneisenerz,
                          Eisenspath,
                          Sphärosiderit.

Der Kupfererzbergbau des Reviers hat im 16., 17. und 18. Jahrhundert innerhalb des Kreises Biedenkopf periodisch eine ziemliche Bedeutung gehabt, ist aber um 1770 zum Erliegen gekommen und erst in neuerer Zeit wieder aufgenommen worden. Um 1730 bestand zu Breidenbach im Kreise Biedenkopf eine Kupferhütte, welche Erze der Gruben Boxbach bei Klein-Gladenbach (9), Schwarzenstein bei Silberg (68), Louis bei Hommertshausen (69) und Grünerbaum (jetzt Zukunft) (70) und Weissenstein (71) bei Hartenrod verschmolzen hat. Die Erze, fast nur Kupferkiese, welche auf Boxbach in oberer Teufe in Kupfergrün übergehen, auf Schwarzenstein, Louis und Zukunft aber auch mit Kupferpecherz, Ziegelerz und Malachit vermengt sind, treten gangartig auf, und zwar auf Boxbach im Wissenbacher Schiefer, auf Schwarzenstein im Oberdevon, auf Louis, Zukunft und Weissenstein im Diabas.

Mit Ausnahme von Boxbach und Zukunft werden diese Gruben sämmtlich seit vielen Jahren nicht mehr betrieben. Klipstein nennt in seinem mineralogischen Briefwechsel noch folgende Kupfererzgruben:

1. bei Königsberg: Grube Wohlgemuth (72), und Hohensolms: Grube Ludwig (67), wo ein Haupttrumm von 4 Zoll und mehrere Nebentrümmer von 1 Zoll Mächtigkeit vorhanden gewesen sein und die Erze aus derbem Kupferkies von 26 Proc. Gehalt bestanden haben sollen;

2. ein anderes altes Werk in derselben Gegend, — bei welchem Schlacken mit Körnern von Garkupfer gefunden worden seien, — wahrscheinlich das Kupfererzbergwerk Carlsgrube bei Grossaltenstädten (68), wo derartige Schlacken jetzt noch zu finden sind;

3. bei Eisenhausen (jetzt die Gruben Neul (73), Ludwigssegen II (74) und Catharina (75));

4. bei Rachelshausen (jetzt die Gruben Wiederhoffnung (76), Hüttenseite (77) und Ritschthal (78)), wo neben Kuferkies auch Bleiglanz vorkommt;

5. bei Lixfeld (jetzt die Gruben Carolus (79) und Einigkeit (80)), wo der Bergbau 1660 begonnen worden, 1732 noch im Betriebe gewesen, und Kupferkies, Kupferpecherz, und Malachit, ausserdem aber 1626 auch thonartigen Eisenstein geliefert haben soll, welcher auf der Ludwigshütte bei Biedenkopf verschmolzen worden sei;

6. bei Gönnern (jetzt die Grube Beitshoffnung (81)), wo die Breidenbacher Gewerkschaft in den Jahren 1732 bis 1735 über 2000 Ctr. Erze gewinnen liess und auch gediegenes Kupfer vorgekommen sein soll;

7. bei Oberdieten (jetzt die Grube Hellerberg (82)), wo ein Kupferkies führender Gang in zersetztem Hyperit aufsetzt;

8. bei Achenbach (jetzt die Gruben Berghäuschen (83) und Rockelthal (84)), wo Kupferkies gangartig im Wissenbacher Schiefer und Spiriferensandstein aufsetzt und schon 1567 Betrieb stattgefunden hat, welcher bis 1742, als das reiche Silberger Werk (Schwarzenstein) aufkam, mit wechselndem Erfolge geführt worden ist;

9. bei Dautphe (jetzt Grube Helene Louise (85)), wo Kupferkies auf einem Schwerspathgange vorkommt;

10. bei Engelbach und

11. Darmshausen (jetzt die Gruben Elisabeth II (85) und Neuer Nordstern (86)), wo Kupferkiesgänge im Diabas aufsetzen;

12. bei Derbach (jetzt Grube Ludwig (52)), wo sich — wie schon erwähnt — ein mit Kupfererzen imprägnirter Kieselschiefer befindet;

13. bei Gladenbach, wo am Kirchberge im Kulmschiefer zwei Kupferkies und Fahlerz führende Gänge aufsetzen (jetzt Grube Betha und Caroline Hedwig (50));

14. bei Roth, wo neben dem Zinnober Fahlerz und Kupferkies gewonnen worden ist (siehe oben);

15. bei Mornshausen a. d. Dautphe (jetzt die Gruben Amalie (87) und Knottenberg (88)), wo oin im Hyperit aufsetzender Fahlerz, Kupferkies und Kupferlasur führender Gang bekannt ist.

Am bedeutendsten scheinen von diesen alten Werken die Gruben Boxbach bei Klein-Gladenbach, Schwarzenstein bei Silberg und Louis bei Hommertshausen gewesen zu sein. Klipstein gibt an, dass von Boxbach in den Jahren 1732 bis 1745: 73781 Ctr. 78 Pfd. Erz zur Breidenbacher Hütte geliefert worden sind, dass man auf Schwarzenstein von 1743 bis 1771: 19640 Ctr. 44 Pfd. Erze gefördert und daraus 4922 Ctr. 54 Pfd. Garkupfer erschmolzen habe (ein Ausbringen von mehr als 25 Proc.), wofür 203742 Florin 2 Kr. erlöst worden seien, und dass die Grube Louis von 1732 bis 1742 im Ganzen 21036 Ctr. 91 Pfd. Kupfererze geliefert habe.

Die Gruben bei Roth und Gladenbach haben nach Klipstein hauptsächlich silberhaltige Fahlerze geliefert. Die letztere muss schon vor 1536 bestanden haben, denn sie wird bereits in dem Bergpatent des Landgrafen Philipp des Grossmüthigen von Hessen von 1536 und 1537 erwähnt.

Zu Klipsteins Zeiten scheinen im Kreise Biedenkopf die folgenden Kupfererzvorkommen nicht bekannt gewesen zu sein, welche von Tasche (Ueberblick über das Berg-, Hütten- und Salinenwesen im Grossherzogthum Hessen 1858) erwähnt werden:

1. die Fahlerzgänge der Gruben Sellnbach (10) und Hangelberg (89) bei Breidenstein, welche im Wissenbacher Schiefer aufsetzen,

2. der im Kulm aufsetzende Kupferkiesgang der Grube Goldkaute II bei Holzhausen (90) im Amte Gladenbach, auf welchem sich alte Baue, ein Stollen und mehrere Schächte befinden,

3. der Gang der Grube Glückstern bei Herzhausen (91), welcher im Diabas aufsetzt und Kupferkies führt,

4. der unter gleichen Verhältnissen auftretende Gang der Grube Malwine am Alberge bei Runzhausen (92).

Mehrere andere gangartige Kupfererz-Vorkommnisse im Kreise Bieden-

kopf, namentlich bei Holzhausen, Endbach, Hartenrod und Steinperf im Amte
Gladenbach, sind, obwohl theilweise verliehen, so unbedeutend, dass ein mit
Nutzen verbundener Bergbau schwerlich auf denselben jemals geführt wer-
den wird.

Im Kreise Wetzlar sind Kupfererze ausser den bereits von Klipstein
erwähnten auf der Grube Carlsgrube bei Gross-Altenstädten, welche hauptsächlich Gegenstand des vom Grafen Friedrich Wilhelm zu Solms-Hohensolms
am 12. Juni 1736 ausgefertigten Lehnbriefs für Johann Melchior Susemihl &
Cons. gewesen zu sein scheint, an folgenden Stellen nachgewiesen worden:

1. auf der Grube Vertrauen bei Kölschhausen (93), wo derber Kupferkies auf Klüften im Kulmschiefer vorkommt;

2. auf der Grube Julian bei Braunfels (94), wo eine das Rotheisensteinlager im Einzelnfelde Vielka der consolidirten Grube Gutglück durchsetzende
Gangkluft derben Kupferkies 2 bis 4 Zoll mächtig führt;

3. auf der Grube Othello bei Leun (95), wo dasselbe Vorkommen wie
auf Julian 4 bis 6 Zoll mächtig zu beobachten ist;

4. 5. und 6 auf den Gruben Florenz bei Leun (96), Kupferzeche bei
Niedernbiel (97) und Louishoffnung bei Berghausen (98), wo Kupfererze auf
Klüften im Schalstein auftreten;

7. auf den Gruben Gustav (99) und Wetzlaria (100) bei Daubhausen,
wo ein im Kulm auftretender Kupferkiesgang bekannt ist; und

8. am Altenberge bei Hohensolms in dem Grubenfelde Gottesgabe (101),
Einzelnfeld Gotthilftgewiss, wo ein im Kulmschiefer aufsetzender, h. 1 streichender, mit 60 Grad östlich einfallender Kupferkies führender Gang schon im
vorigen Jahrhundert bebaut worden ist, welchen man mit einem im Grundwalde angesetzten circa 160 m langen Stollen, dem sogenannten Fritzstollen,
aufgesucht hatte.

Ueber den alten Kupfererzbergbau bei Daubhausen und Berghausen
folgen weiter unten noch einige in dem Archive zu Braunfels aufgefundene
Nachrichten.

Bemerkenswerth, wenn auch nicht von technischer Bedeutung, ist das
Vorkommen von Rothkupfererz auf dem Manganerzbergwerke Abendstern bei
Königsberg (102) im Kreise Biedenkopf, welches vor einigen Jahren zufällig
gefunden wurde. Es trat hier in dem mulmigen, manganhaltigen Brauneisensteine, nahe dem das Liegende bildenden Kalke, Rothkupfererz in hand-
grossen Platten von $^1/_2$ bis 1 Zoll Dicke auf, welche parallel der Oberfläche
des Kalks lagen und deren unregelmässige Formen nachahmten.

Ganz ähnlich ist das kürzlich beim Betriebe des im Kehlbachbälchen
bei Bieber angesetzten Stollens des Eisen- und Manganerzbergwerkes Meilhard
bei Fellingshausen (231) gefundene Rothkupfererzvorkommen, jedoch sind die
Erzstücke nicht so regelmässig plattenförmig und auch mehr in dem mulmigen
Brauneisenstein vertheilt.

Der Nickelerzbergbau ist im Kreise Biedenkopf um 1845 in Aufnahme gekommen, hat bis 1867 im Betriebe gestanden, dann bis 1875 geruht und wird jetzt wieder ziemlich flott betrieben.

Die Erze treten stockförmig, in langgezogenen linsenförmigen Massen im Kulmschiefer auf.

Die feldspäthig-quarzige, ziemlich feste, hell gefärbte Gebirgsmasse der Stöcke, welche Tasche für Hypersthenfels hält, womit sie aber nur wenig Aehnlichkeit hat, enthält eingesprengt Kupferkies, Schwefelkies, Eisennickelkies, Weissnickelkies, Haarkies und Nickelocker. Rothnickelkies (Kupfernickel) ist darin nicht zu bemerken. Betrieb hat stattgefunden auf den Gruben Ludwigshoffnung bei Bellnhausen (51) und Blankenstein bei Kehlnbach (103). Tasche gibt an, dass in guten Jahren 20 bis 30 Tausend Centner Erze gefördert und daraus auf der Aurorahütte bei Erdhausen 180—200 Centner Stein mit 45 bis 48% Nickel, 27 bis 30% Kupfer und 22 bis 28% Schwefel (und Eisen etc.) hergestellt worden sind, was einem Nickelgehalte der Erze von $^1/_8$ bis $^1/_2$% entsprechen würde.

Vorwaltend ist in den Erzen Eisennickelkies (2 Fe S + Ni S) enthalten. Haarkies (Ni S) ist in neuester Zeit auf einem liegenden Trumme, welches sonst weniger Erz enthält, sehr schön aufgefunden worden. Neben apfelgrünem Nickelocker, welcher als Produkt beginnender Verwitterung in den Erzen sich häufig zeigt, findet man bisweilen auch pfirsichblüthrothen Kobaltbeschlag.

Nickelerze kommen noch vor, und zwar in derselben Weise, wie auf Ludwigshoffnung und Blankenstein, auf den Gruben Strassburg (108), Marienthal (104), Latona (105), Fahlerz (107), Wilhelm III (110) und Nickelerz (106), welche sämmtlich in der Umgebung von Ludwigshoffnung und Blankenstein liegen, und bei Endbach auf der Grube Gläser (109). Die Stöcke befinden sich stets in der Nähe von Hyperiten, zu welchen sie demnach in Beziehung zu stehen scheinen.

Viele Hyperite, namentlich im Kreise Biedenkopf, enthalten nickelhaltigen Schwefelkies und Eisennickelkies eingesprengt.

Wenn auch der Gehalt derselben stellenweise mehr als $^1/_2$ Proc. Nickel beträgt, so ist doch, nachdem die mit der Einführung der Nickelscheidemünze in das deutsche Reich sehr gestiegene Nachfrage nach diesem Metall wieder nachgelassen hat, eine vortheilhafte Ausbeutung solcher nickelhaltigen Grünsteine kaum zu erwarten.

Von Bleierzen treten Bleiglanz und Weissbleierz in Begleitung der Kupfererze im Kreise Biedenkopf auf. Ihr Vorkommen ist bekannt geworden auf den oben bereits genannten Kupfererzgruben Ritschthal bei Rachelshausen (78), Amalia bei Mornshausen (87), Boxbach bei Klein-Gladenbach (9) und Weissenstein bei Hartenrod (71).

Der im Kulmschiefer aufsetzende Quarzgang der Grube Goldkaute bei

Weidenhausen im Kreise Biedenkopf (49) führt vorzugsweise Bleiglanz, neben welchem aber auch Kupferkies vorkommt.

Das Bleierzmittel, welches im Jahre 1875 hier abgebaut wurde, war mit Schwerspath vermengt.

Im Kreise Wetzlar kommt Bleiglanz in Gesellschaft von Kupferkies auf einer gangartigen Kluft im Diabas-Mandelstein auf der Grube Geschwister bei Biskirchen (111) vor.

Zinkerze sind bis jetzt nicht gefördert worden. Bei Hartenrod, auf den Gruben Weissenstein (71) und Holde Eintracht (112), kommt in Begleitung von Schwerspath Zinkblende gangartig vor, und bei Hermannstein, auf der Grube Freundlichst (15), findet man Galmei, den Massenkalk nesterförmig überlagernd.

Dass die sonst auf diesem Kalke gewöhnlich vorkommenden Brauneisensteine stark zinkhaltig sind, ist oben schon erwähnt worden. Auf der Sophienhütte bei Wetzlar sind schon mehrere hundert Centner zinkreiche Ofenbrüche gewonnen worden.

Die Manganerze kommen im Reviere in vierfacher Art und Weise vor:

1. als Beimengungen der manganhaltigen Brauneisensteine, welche lager- und nesterförmig auf dem Massenkalke verbreitet sind,

2. lagerartig zwischen den Schichten des Kulms,

3. gangartig im Rothliegenden,

4. als Begleiter von Eisenkiesellagern, welche sich auf der Gebirgsgrenze zwischen Diabas und Kulm oder Kramenzel befinden.

Zu 1. Der Bergbau auf den den Massenkalk überlagernden Manganerzen ist im Kreise Wetzlar erst im Jahre 1855 zur Aufnahme gekommen, während in den benachbarten Revieren bei Giessen in der Grossherzoglich hessischen Provinz Oberhessen auf der Lindener Mark und in den Revieren Weilburg und Diez des ehemaligen Herzogthums Nassau schon um 1840 Braunstein gefördert worden ist. Im Kreise Wetzlar, wo seine höchste Blüthe-periode in die Jahre 1859 bis 1862 fällt, in welchen namentlich die Grube Weidenstamm bei Braunfels viele reichhaltige Erze förderte, war die Aufnahme des Betriebs durch langwierige, verwickelte Processe verzögert worden. Der Braunstein befindet sich, meistens von dem sein Liegendes bildenden Kalke durch eine Lage von hellgelb oder röthlich gefärbtem fetten Letten von geringer Mächtigkeit getrennt, in einzelnen Brocken von der Grösse einer Faust, Nuss oder Bohne, bisweilen aber auch in mehrere Cubikfuss grossen Stücken zwischen mulmigem, manganhaltigem Brauneisenstein, Wad und gelb, weiss, roth oder braun gefärbtem Letten. Nicht alle festen Brocken, welche sich in der lockeren Lagermasse befinden, bestehen aus Manganerzen, sondern es kommen auch derbe Brauneisensteinstücke dazwischen vor und zwar stellenweise so häufig, dass sie die brauchbaren Manganerze ganz verdrängen. Bis 1862 galten die den Braunstein einhüllenden mulmigen Substanzen, Brauneisenstein und Wad, für werthlos und wurden deshalb durch die Aufbereitung beseitigt, welche der Lahn in der Gegend von Giesen bis Diez von 1842 bis 1862 Millionen Centner dieser jetzt für werthvolle Eisenerze geltenden Mineralien zugeführt hat.

Der Rückgang des Braunsteinbergbaues von 1862 an ist zwar in erster Reihe der in Spanien entstandenen Concurrenz zuzuschreiben, aber es ist auch der Umstand, dass man es gelernt hatte, jene mulmigen Massen zu verwerthen, darauf von Einfluss gewesen. Ist doch das Vorkommen in der Regel der Art, dass diese Massen, weil die Manganerze nur vereinzelt darin vorkommen, an sich einen höheren Werth haben, als sämmtlicher darin befindliche Braunstein.

Die in diesen Ablagerungen vorkommenden Manganerze sind Pyrolusit, Psilomelan, Hausmannit, Braunit, Manganit und Wad.

Die Ablagerungen befinden sich vorzugsweise in den muldenförmigen Vertiefungen der Oberfläche des Massenkalks, doch gehen sie auch, obschon meistens minder mächtig, über die die Vertiefungen einschliessenden Rücken und Zacken hinweg, wo solche nicht bis zu Tage vortreten. Dass der Kalk in der Nähe der Ablagerungen immer in Dolomit übergeht, ist bereits im dritten Abschnitt erwähnt worden.

Bei der Art des Vorkommens kann es nicht befremden, dass die Manganerze dieser Kategorie immer etwas eisenhaltig sind, wodurch ihre Verwendbarkeit gegen diejenige der Vorkommen ad 2, 3 und 4 etwas vermindert wird, weshalb der Preis derselben bei gleichem Sauerstoffgehalte pro Centner immer etwas niedriger steht.

Unter dem Procentgehalte des Braunsteins versteht man den relativen Gehalt an nutzbarem Sauerstoff im Vergleich zu Mangansuperoxyd. Reines Superoxyd enthält 100%, reines Oxydul 0%.

Der Gehalt der auf dem Massenkalke vorkommenden Manganerze schwankt zwischen 50 bis 90 Proc. Bei hohem Eisengehalte sinkt er auch noch weit unter 50%, so dass ein allmählicher Uebergang in manganhaltigen Brauneisenstein stattfindet.

Ein Erz, welches wenigstens 44% Superoxyd und 28% Mangan enthält, gilt noch als ein Braunstein.

Erze von geringerem Gehalt an Superoxyd, aber 26 bis 28% Mangangehalt, sind als Manganerze da noch technisch verwendbar, wo man nicht den Sauerstoffgehalt, sondern den Mangangehalt gebraucht.

Früher wurde der grösste Theil des geförderten Braunsteins nach England exportirt und dort beim Betriebe der Chlorbleichen verwendet. Gegenwärtig wird derselbe an inländische chemische Fabriken, theilweise auch an Glashütten, Töpfereien u. s. w. abgesetzt.

Zu 2. Das lagerartige Vorkommen zwischen den Schichten des Kulms, namentlich des Kieselschiefers, ist nur im nördlichen Theile des Kreises

Biedenkopf bekannt. Es sind dort von der Gesellschaft Concordia zu Giessen in den Jahren 1845 bis 1860 kostspielige Anlagen gemacht worden, die an den Schwierigkeiten, welche die Aufbereitung der Erze verursachte, gescheitert sind.

Bessere Resultate erzielte der Advocat Rosenberg zu Giessen in derselben Zeit auf dem Vorkommen im Kieselschiefer bei Holzhausen, woselbst im Districte Horst (113) der Braunstein ½ bis 3 Fuss mächtig und ziemlich rein und reichhaltig noch ansteht und vor Kurzem der Betrieb von der Besitznachfolgerin des Rosenberg, der Gewerkschaft Röder & Comp. zu Wetzlar, wieder aufgenommen worden ist.

Die Gruben, welche auf dem Braunsteinvorkommen im Kieselschiefer früher gebaut haben, sind:

1. Ernst August bei Wallau (114),
2. Consolidirte Gruben bei Wallau (115),
3. Ludwig bei Breidenstein (116),
4. Consolidirtes Grubenfeld bei Weifenbach,
5. Buchholz bei Eifa (117),
6. Kohlenberg bei Eifa (118),
7. Kohlenberg I bei Frohnhausen (119),
8. Kohlenberg II „   „   (120),
9. Ziegenberg II „   „   (121),
10. Hammerhard bei Hatzfeld (122),
11. Rechte Ederseite   „
12. Pracht   „
13. Burgberg bei Battenberg (123),
14. Eisenberg bei Battenberg (123).

Die Erze des Vorkommens im Kieselschiefer scheinen weniger sauerstoffreich, als die des Vorkommens über dem Massenkalke zu sein. Sie bestehen theilweise aus Psilomelan, gehen aber auch, besonders auf Horst, häufig in Pyrolusit über.

Bisweilen steigt ihr Gehalt auf 80 Procent Superoxyd und selbst noch höher. Ihr Werth wird dadurch erhöht, dass sie fast ganz frei von jedem Eisen- und Kalkgehalte sind.

Zu 3. Am reichsten sind die gangartig im Rothliegenden vorkommenden Erze, welche fast nur aus reinem Pyrolusit bestehen. Es ist nur ein einziger, diese Erze führender Gang bekannt und zwar in einer streichenden Erstreckung von circa 1500 m bei Laisa. Der Gang (59) streicht hora 3,4 und fällt mit 55 bis 60 Grad südöstlich ein.

Zu 4. Die als Begleiter der Eisenkiesellager vorkommenden Manganerze sind denjenigen des Kieselschiefers ähnlich. Sie fehlen beim Eisenkiesel selten ganz, haben aber oft nur die Stärke eines Strohhalms und selten eine Mächtigkeit von ½ bis 1½ Fuss. Gewöhnlich befinden sie sich am Hangenden des Eisenkiesels, zwischen diesem und Thonschiefer, bisweilen aber auch am Liegenden desselben, in Berührung mit dem Diabas. Am ausgeprägtesten ist dieses Vorkommen auf den Gruben Adlerstein (124) und Schwarzer Adler (125) bei Oberlemp zu beobachten.

Bei Weitem die wichtigsten Erze des Reviers Wetzlar sind die Eisenerze. Es kommen Magneteisenerz, Eisenglanz, Rotheisenstein, Brauneisenstein, Spatheisenstein und Sphärosiderit vor, aber nur der Rotheisenstein und der Brauneisenstein sind bis jetzt für die Technik von Bedeutung gewesen.

Magneteisenerz findet man in Begleitung der Rotheisensteine meistens nur da, wo Diabase das Liegende bilden, z. B. am südlichen Hange des Bleidenbergs, bei Königsberg (251), auf der Grube Henriette bei Ulm (126) und bei Holzhausen im Amte Gladenbach im Districte Eisenkaute (127) (Grubenfeld Vereinigte Eisensteingruben), cfr. Tasche, pag. 13.

In Eisenglanz gehen die dichten Rotheisensteine bisweilen über, z. B. auf den Gruben Wormshard und Louisenglück (128) bei Waldgirmes, Nero bei Gross-Altenstädten (129), Ferdinand bei Oberndorf (130), Raab bei Wetzlar (131) u. s. w.

Interessant ist auch das Vorkommen von Eisenglanz und Eisenrahm im Hangenden der Brauneisensteinlager, namentlich auf der Grube Eleonore bei Fellingshausen (132). Auch am Liegenden des Lagers dieser Grube hat man im vorigen Jahre ein Nest solcher Erze gefunden, welches einige Hundert Centner gliefert hat.

Schöne Eisenglanzstufen von Rachelshausen (133) findet man in vielen Sammlungen. Das Mineral kommt hier auf Klüften im verwitterten Hyperit vor.

Spatheisenstein findet man häufig im Innern grösserer derber Brauneisensteinstücke, z. B. auf den Gruben Elisabeth bei Fellingshausen (134), Friedrich Wilhelm (135) und Sorgenlos (136) bei Ebersgöns und Jean bei Altenberg (137).

Sphärosiderite findet man bisweilen im Kramenzelschiefer, z. B. auf der Grube Silvester bei Tiefenbach (138).

Die Rotheisensteine treten fast immer auf Contactlagerstätten auf, gehören mit wenigen Ausnahmen ganz dem Oberdevon an und befinden sich meistens auf der Grenze zwischen jüngerem Schalstein und Kramenzelschiefer, wobei der Schalstein gewöhnlich das Liegende derselben bildet. Bisweilen ist aber auch der Schalstein das Hangende, oder es tritt an die Stelle des Kramenzelschiefers der Goniatitenkalk, Juno (19), Philippswonne (20), Emma (21), oder der Kulmschiefer, Raab (131).

Der Schalstein ist bisweilen durch Diabas oder Diabas-Mandelstein ersetzt; Würzberg (139), Ceres (140), Amanda (141), Königsbergerwerk (142). Der beste und zuverlässigste Begleiter des Rotheisensteins bleibt aber immer der Schalstein. Wenn Diabas oder Diabas-Mandelstein an seine Stelle tritt, werden die Rotheisensteine gern rauh, besonders da, wo dieselben noch frisch und wenig verwittert sind.

Auch der Schalstein pflegt nur da, wo er verwittert ist, (aufgelöst, edel, wie hier der Bergmann sagt,) mächtige, edle Rotheisensteinlager bei sich zu führen. Durch dieses Verhältniss wird man zu der Annahme geführt, dass die Rotheisensteinlager ein Produkt der Auslaugung der sie umgebenden Gesteine seien. Diese Auslaugung mag sich selbst auf die Kramenzelschiefer erstreckt haben, welche in der Nähe der Eisensteinlager fast immer gebleicht, gelblich oder schmutzig weiss gefärbt sind. Deshalb liebt es auch der Bergmann nicht, bei seinen Versuchsarbeiten auf frischen rothen oder grünen Schiefer zu treffen. Wo die Schalsteine zurücktreten oder ganz fehlen, sind die Rotheisensteine fast immer sehr kieselig, werden auch wohl durch Eisenkiesel vollständig ersetzt. (Hohensolms, Daubhausen, Werdorf im Kreise Wetzlar und Wommelshausen, Rachelshausen, Günterod, Eisenhausen, Wolfsgruben etc. im Kreise Biedenkopf.)

Conform dem gewöhnlichen Streichen und Einfallen der Gebirgsschichten im Rheinischen Uebergangsgebirge streichen die Rotheisensteinlager in hora 3 bis 5 und fallen mit 30 bis 50 Grad südöstlich ein. Mehrere, und zwar gerade recht bedeutende Lager zeigen aber auch ein abweichendes Verhalten. So fallen die Lager von Prinz Bernhard (143), Gutglück (144) und Ottilie (145) bei normalem Streichen nordwestlich ein, während das Lager von Königsbergerwerk (142) in hora 8 streicht und nördlich einfällt. Einige dieser Lagerstätten, welche man Lager zu nennen sich gewöhnt hat, sind aber auch viel richtiger als Gänge zu bezeichnen. Wenigstens auf Ottilie, Gutglück und Königsbergerwerk zeigen die das Lager umgebenden Gebirgsschichten stellenweise ein sehr deutliches Einfallen nach Süden.

Einzelne Bänke des Massenkalkes haben hin und wieder einen so starken Gehalt von Eisenoxyd (12 bis 35 Proc.), dass sie als Flusssteine beim Eisenhüttenbetriebe verwerthet werden, z. B. auf den Gruben Hainau (146) und Glückstern (147) bei Waldgirmes.

Die reichsten Rotheisensteine des Reviers kommen auf Seifenwerken (Rolllagern) bei Oberndorf und Niedernbiel vor.

Bei Oberndorf befinden sich rings um den Eisenberg, dessen Rücken das anstehende Lager der Grube Ferdinand (130) einnimmt, Rotheisensteinseifen, auf welchen die Gruben Hugo (148), Gotthard (149), Hermann (150), Agricola (151), Schmelz (152) und Endlich (153) gegenwärtig im Betriebe sind, bei Niedernbiel aber baut die Grube Richardzeche (154) auf einem von dem anstehenden Lager der Grube Victoria herrührenden Seifen. Bei sehr sorgfältiger Aufbereitung enthalten diese Erze bisweilen 60 bis 63% metallisches Eisen und 8% Kieselsäure, während der durchschnittliche Eisengehalt derselben 58 bis 59 Proc. beträgt. Nach einer Analyse von Schnabel

(Percy, Metallurgie Bd. II. Abth. I. pag. 337) enthielt ein Eisenrahm der Grube Hermannszeche zwar sogar

94,45 Eisenoxyd (64,7 Eisen),
5,63 Kieselsäure,
0,65 Kalkerde, Thonerde und Magnesia,
1,08 Wasser und
0,19 Phosphorsäure,

aber es ist zu dieser Analyse jedenfalls ein besonders ausgesuchtes gutes Stück Eisenstein verwendet worden. In einer anderen Analyse des Rotheisensteins der Grube Hermannszeche gibt nämlich Schnabel loco cit. den Gehalt an zu:

73,77 Eisenoxyd (51,64 Eisen),
23,16 Kieselsäure,
1,41 Kalk-, Talk- und Thonerde,
0,83 Wasser und
0,51 Phosphorsäure.

Die Rotheisensteine haben einen ziemlich verschiedenen Gehalt, 43 bis 55 Eisen und 12 bis 30 Proc. Kiesel. So enthält nach den dem Verfasser mitgetheilten Analysen der Rotheisenstein der Gruben:

Prinz Alexander bei Burgsolms . . . 47,92 Fe und 27,70 SiO_2
Uranus bei Laufdorf . . . . . . 44,92 „ „ — „
Eisenkrone bei Wetzlar . . . . . 49,70 „ „ 20,95 „
Engelsburg „ „ . . . . 43,03 „ „ 30,37 „
Hoffnungslust bei Garbenheim . . . 45,68 „ „ 27,90 „
Juno bei Nauborn . . . . 53,15 „ „ — „
Philippswonne bei Garbenheim . . . 55,14 „ „ 12,40 „

Es sind dieses Analysen der von den geförderten Erzen genommenen Durchschnittsproben.

Die Brauneisensteine kommen, abgesehen von einigen Uebergängen aus Rotheisenstein, z. B. auf den Gruben Heinrichsegen bei Ehringshausen (156), Fortuna bei Altenberg (157) und Johann Heinrich bei Nauborn (158), abbauwürdig nur vor:

1. als Ueberlagerungen des Massenkalks,

2. butzenartig im zersetzten Hyperit, ähnlich wie die Brauneisensteine in der Basaltregion des Vogelsberges.

Ausserdem findet man im zersetzten Flötzleeren bisweilen noch Brauneisensteinlager von ½ bis 2 Fuss Mächtigkeit, welche aber unregelmässig, kieselreich und deshalb nicht bauwürdig sind, und im Spiriferensandsteine bei Kröffelbach und Kraftsolms mächtige braune Eisenkiesel, bei welchen sich auch Ausscheidungen brauchbaren Brauneisensteins befinden. Das letztere Vorkommen ist zur Zeit zu weit von den grösseren Verkehrsstrassen entfernt, um verwerthet werden zu können.

Am wichtigsten sind die auf dem Massenkalke ruhenden Brauneisensteine, welche erst seit 1862 in grösseren Quantiäten gefördert werden. Sie sind immer manganhaltig, wodurch ihr Werth beträchtlich erhöht wird. Ihr Vorkommen ist bereits unter den Manganerzen beschrieben worden, weil sie mit diesen dieselben Ablagerungen bilden. Es bleibt deshalb darüber nur noch Folgendes zu bemerken.

Das Vorkommen im südlichen Theile des Reviers bei Ebersgöns, Ober- und Niederkleen und Dornholzhausen unterscheidet sich von demjenigen in der nähern Umgebung der Lahn dadurch, dass seine Erze mehr Eisen (35 bis 42%) und weniger Mangan (3 bis 8%), im Ganzen 42 bis 46 Proc. Metall enthalten, während die Erze an der Lahn einen Gehalt von nur 20 bis 35 Proc. Eisen und dagegen 10 bis 25 Proc. Mangan, im Ganzen 35 bis 50 Proc. Metall haben. Ein weiterer Unterschied besteht ferner darin, dass die Ablagerungen im südlichen Theile des Reviers, soweit sie nicht dicht unter der Tagesoberfläche anstehen, immer Thonschiefer zum Hangenden haben, während die übrigen Ablagerungen in der Regel nur mit jüngeren, aber oft ziemlich mächtigen tertiären und diluvialen Bildungen bedeckt sind, und dass die Erze der ersteren Ablagerungen stets vorwaltend stufig, die der letzteren aber fast immer mulmig sind.

Die dem Hyperit angehörigen Brauneisensteine kommen nur im Kreise Biedenkopf vor. Sie enthalten 30 bis 33 Proc. Eisen und werden wegen ihres hohen Kieselgehaltes nur in geringen Quantitäten auf den Holzkohlenhohöfen der nächsten Umgebung zugeschlagen.

Dergleichen Erze kommen vor bei Oberdieten, Niederhörlen, Eisenhausen, Silberg, Gladenbach, Weidenhausen und Mornshausen a. d. Salzböde. Die Production derselben beträgt im Ganzen nur 2000 bis 4000 Centner jährlich.

B. Nichtmetallische Fossilien.

Es dürften hier nur diejenigen Fossilien anzuführen sein, welche bergmännisch gewonnen werden. Die übrigen, welche in Steinbrüchen ausgebeutet werden und hauptsächlich als Baumaterial dienen, sind bereits im geognostischen Theile dieses Aufsatzes erwähnt worden. Es gehören demnach nur noch hierher:

> die Braunkohle,
> der Dachschiefer,
> der Phosphorit,
> der Schwerspath,
> die Farbenerden,
> der Schwefelkies,
> der Alaunschiefer.

Die Braunkohle ist nur an einer einzigen Stelle im Grubenfelde Bierhain bei Greifenstein (64) kekannt. Das daselbst unter Basalttuff aufgefundene Flötz ist nur 0,90 bis 1,10 Meter mächtig. Wegen starken Wasserzuflusses ist der im Jahre 1866 begonnene Betrieb schon 1867 wieder eingestellt worden, zumal die geförderte, sehr aschenreiche Kohle keinen Absatz fand.

Im vorigen Jahre sind Bohrversuche nach Braunkohle in der Tertiärablagerung bei Kleinrechtenbach ausgeführt worden, aber ohne Erfolg geblieben.

Das dicht an der Reviergrenze bei Langgöns bekannte Braunkohlenlager ist innerhalb des Reviers (in der Gemarkung Niederkleen) noch nicht aufgesucht worden. Wegen der überall in der Nähe anstehenden älteren Gebirgs- formationen ist auch kaum zu erwarten, dass man es finden würde. — Bohrversuche, welche im Jahre 1833 in der Gemarkung Hörnsheim nach Braunkohlen ausgeführt wurden, sind ebenfalss erfolglos gewesen. In demselben Jahre soll auch Bernstein bei Dutenhofen gefunden worden sein. Es scheint aber, dass es sich um ein durch Zufall dorthin gekommenes Stück dieses Minerals gehandelt hat, denn in der ganzen Gemarkung Dutenhofen sind Tertiärbildungen bis jetzt nicht bekannt geworden. Die Kohle von Greifenstein enthält Retinit und Elaterit.

Die Localitäten, an welchen im hiesigen Reviere Dachschiefer vorkommt, sind bereits im geognostischen Theile dieses Aufsatzes genannt.

Phosphorit ist an mehreren Punkten im Reviere gefunden worden. C. A. Stein nennt in seinem Aufsatze über das Vorkommen von phosphorsaurem Kalk in der Lahn- und Dillgegend (Verz. der Ausarbeitungen Nr. 55) folgende Stellen:

> bei Greifenstein (159),
> bei Königsberg (160),
> bei Hohensolms (161),
> bei Waldgirmes (162, 163, 164, 165),
> bei Blasbach (166),
> bei Niedergirmes (167, 168),
> bei Naunheim (169).

Ausserdem ist später noch Phosphorit gefunden worden:
> westlich von Blasbach im Grubenfelde Theodor (170),
> nordöstlich von Asslar im Grubenfelde Goldgrub, District Schwanzberg (171),
> nordöstlich von Oberndorf, im Grubenfelde Aurora II, District Wetzlarer Berg (172),
> nördlich von Niederkleen, im Grubenfelde Martinus, District Mühlenberg (173).

Die Phosphorite des Reviers stehen in engster Beziehung zu den Kalken und zwar nicht etwa nur zu den Massenkalken, wie man nach Stein's Aufsatze annehmen möchte, sondern auch zu den Kalken des Oberdevons und des Kulms. Der Phosphorit bei Greifenstein liegt z. B. beim Kulmkalk, der

von Asslar und Hohensolms beim Goniatitenkalk. Diese Beziehung zum Kalke
kann nicht befremden, da letzterer in seiner überaus reichen Fauna massen-
haftes Material zur Phosphoritbildung enthielt. Stein glaubt zwar, den Schalsteinen einen noch grösseren Einfluss auf die Phosphoritbildungen zuschreiben
zu müssen, weil dieselben fast immer einen bemerkbaren Gehalt von Phosphorsäure haben; aber dem kann entgegnet werden, dass Phosphorite von
Schalsteinen sehr entfernt (bei Greifenstein, Oberndorf und Niederkleen) vorkommen, während Kalk in ihrer Umgebung nie fehlt. Die Art des Auftretens
der Phosphorite an den einzelnen bis 1868 bekannt gewordenen Punkten des
Reviers ist von Stein ausführlich beschrieben worden.

Die neueren Aufschlüsse zeigen in dieser Beziehung keine Verschieden-
heiten.

Schwerspath tritt an mehreren Stellen im Reviere gangartig auf.
Am bedeutendsten ist das Vorkommen bei Hartenrod (174) im Kreise Biedenkopf, welches auch allein gegenwärtig noch ausgebeutet wird. Es setzt hier
im Districte Weissenstein, welcher wahrscheinlich von dem daselbst zu Tage
anstehenden Schwerspath seinen Namen erhalten hat, im Kramenzelschiefer
ein 4 bis 8 m mächtiger, hora 11 bis 11¼ streichender Gang reinen Schwerspaths auf, dessen Ausgehendes schon in beträchtlicher Entfernung sichtbar
ist. Einem schwunghaften Abbau desselben steht die Entfernung von den
Eisenbahnen entgegen. An der Deutz-Giessener Bahn ist Herborn, an der
Main-Weser Bahn Fronhausen die nächste Eisenbahnstation, erstere 2 Meilen,
letztere 2½ Meilen von der Grube entfernt. —. Im Districte Wirhard bei
Ehringshausen setzt ein 0,60 bis 0,80 m mächtiger Gang unreinen, durch Eisenoxydhydrat gefärbten Schwerspaths im Kulmschiefer auf (175), welcher vor
circa 20 Jahren durch einen jetzt zusammengebrochenen Stolln untersucht
worden ist.

Bei Rechtenbach, im Districte Weidchen, ist das Ausgehende eines
Schwerspathganges (176), welcher im Flötzleeren aufsetzt, an der Tagesober-
fläche in einem Feldwege und auf den angrenzenden Aeckern zu beobachten.
Der Gang scheint hora 11 zu streichen.

Dass der im Kulm aufsetzende Blei- und Kupfererzgang der Grube Goldkaute bei Weidenhausen (49) im Kreise Biedenkopf Schwerspath führt, ist bereits oben erwähnt worden.

Endlich tritt Schwerspath noch bei Königsberg im Felde der Grube
Wohlgemuth und bei Dautphe im Felde der Grube Helene Louise (85) auf.

Farbenerden werden in neuerer Zeit auf den Mühlen zur Asslarer
Hütte und bei Biskirchen gemahlen. Man gewinnt dunkele eisenfarbene Erden
bei Holzhausen a. d. Ulm aus dem Alaunschiefer der Kulmformation, hell-
gelbe Farben (Goldocker) aus verwittertem Kramenzelschiefer bei Biskirchen
und Niederkleen, dunkelgelbe aus den die Roth- und Brauneisensteinlager
bisweilen begleitenden Ockern, (z. B.) auf den Gruben Maria bei Leun (30),

Wahrer Jacob bei Asslar (177), rothe aus dem in den Rotheisensteinlagern und im Hangenden der Brauneisensteinlager bisweilen nesterweise auftretenden Eisenrahm (Grube Raab bei Wetzlar und Eleonore bei Fellingshausen), braune aus den mulmigen, manganhaltigen Brauneisensteinen.

Der Schwefelkies, welchen Verfasser unter den nichtmetallischen Fossilien desshalb anführt, weil nur sein nichtmetallischer Bestandtheil, der Schwefel, technische Verwendung findet, kommt an den schon in dem geognostischen Theile erwähnten Stellen bei Berghausen und Blasbach im Spiriferensandstein und im älteren Schalstein vor. Er ist aber so mit Bergart vermengt, dass es nur möglich ist, ein Produkt von 30 bis 35 Proc. Schwefelgehalt herzustellen, welches selbst auf der Wetzlarer Schwefelsäurefabrik unverkäuflich ist.

Alaunschiefer findet man sehr häufig zwischen den Schichten des Kulms z. B. bei Holzhausen (Kreis Wetzlar) im Grubenfelde Moltke (178), bei Fellingshausen in den Grubenfeldern Eleonore und Nassau (179), bei Eisenhausen im Grubenfelde Neul (73), bei Albshausen im Grubenfelde Eduard (180), bei Nauborn im Grubenfelde Johann Jacob (181). Auf dem letzten Vorkommen ist gegen Ende des vorigen Jahrhunderts Betrieb geführt und die Produktion nach einem Alaunwerke bei Volpertshausen, von welchem vor einigen Jahren noch schwache Rudera zu sehen waren, abgefahren worden.

C. Mineralquellen.

Im Kreise Biedenkopf befindet sich ausser den von Tasche (pag. 72) genannten Salzquellen an der Mappesmühle (182) unterhalb Mornshausen a. d. Salzböde, welche der Kulmformation angehören, noch eine schwache, im Flötzleeren entspringende Salzquelle bei Allendorf im Amte Battenberg (183). Im Kreise Wetzlar sind zwei schon seit Jahrhunderten bekannte Säuerlinge vorhanden. Der eine, ¼ Stunde nordwestlich von Schwalbach (184), entspringt aus dem Flötzleeren, hat eine hölzerne Fassung und liefert ein an freier Kohlensäure reiches, aber auch ziemlich viel kohlensaures Eisenoxydul enthaltendes Wasser, der andere, an der linken Seite des Ulmbachs, einige hundert Schritte oberhalb Biskirchen (185), besass früher ebenfalls eine Holzfassung und ist im Jahre 1874 auf Kosten des Fürsten zu Solms-Braunfels mit einer steinernen Fassung versehen worden. Nach Beseitigung der alten hölzernen Fassung stellte sich heraus, dass der Brunnen vier kleine Zuflüsse hatte, einen von Nordosten, den zweiten von Südosten und die beiden letzten von Westen. Der zweite Zufluss war sehr eisenhaltig und hat jedenfalls die früher sehr bemerkbar gewesene Trübung des Brunnens verschuldet. Derselbe wurde desshalb bei der neuen Fassung zurückgedämmt. Das Fundament der letzteren besteht aus durchlöcherten Chamottesteinen, welche dem Quellwasser den Zutritt zu dem Brunnenschachte gestatten. Dieser ist durch aufeinandergesetzte Cementcylinder hergestellt und oben kuppelförmig abge-

schlossen, damit keine Kohlensäure verloren geht. Der Ausfluss des Brunnens
beträgt nur 7 bis 8 Liter pro Minute. Das ausfliessende Wasser ist jetzt
vollkommen klar und sehr reich an Kohlensäure.

In dem Ulmbache, welcher nur einige Meter von dem Brunnen entfernt vorbei fliesst, kann man in der Umgebung des letzteren starke Aus-
strömungen von Kohlensäure beobachten.

Analysen der Quellen bei Mornshausen, Allendorf und Schwalbach sind
nicht bekannt geworden, aber über die Quelle bei Biskirchen hat Professor
Fresenius in Wiesbaden vor Kurzem eine ausführliche Analyse veröffentlicht,
nach welcher das dortige Mineralwasser in 1000 Gewichtstheilen enthält:

Kohlensaures	Natron	0,468 741
„	Lithion	0,007 224
„	Ammon	0,005 507
Kohlensaure	Kalkerde	0,680 521
„	Baryterde	0,000 174
„	Strontianerde	0,000 866
„	Magnesia	0,394 405
Kohlensaures	Eisenoxydul	0,014 051
„	Manganoxydul	0,001 069
Chlor-Natrium		1,891 267
„ Kalium		0,050 534
Bromnatrium		0,001 042
Jodnatrium		0,000 006
Schwefelsaures Kali		0,036 189
Phosphorsaure Thonerde		0,000 261
Kieselsaure „		0,021 359
Summa der festen Bestandtheile		3,573 216
Kohlensäure, mit Carbonaten zu Bicarbonaten verbunden		0,713 298
Kohlensäure, völlig frei		2,158 773
Summa aller Bestandtheile pro Mille		6,445 287

Ausserdem sind noch in dem Wasser vorhanden unwägbare Spuren
von Chlorcäsium, Chlorrubidium, borsaurem Natron, Schwefelwasserstoff und
Stickgas.

V. Verzeichniss aller im Reviere aufgefundenen Mineralien nebst Angabe der hauptsächlichsten Fundorte. [1])

1. Gediegen Gold (IV),
2. Zinnober (IV),
3. Gediegen Kupfer, nach Klippstein bei Gönnern,
4. Rothkupfererz (IV),
5. Kupferkies (IV),
6. Kupferindig, Grube Amalia bei Mornshausen a. d. Dautphe,
7. Kupferlasur, Grube Amalie, Grube Zukunft bei Hartenrod,
8. Malachit, Grube Vertrauen bei Kölschhausen,
9. Kupfergrün (Kieselmalachit), Gruben Boxbach, Zukunft, Goldkaute bei Weidenhausen,
10. Kupferpecherz, Gruben Schwarzenstein bei Silberg, Louis bei Hommertshausen,
11. Ziegelerz, Grube Schwarzenstein,
12. Fahlerz (IV),
13. Eisennickelkies, in vielen Hyperiten bei Simmersbach, Rachelshausen, Mornshausen u. s. w.,
14. Weissnickelkies, Grube Ludwigshoffnung,
15. Haarkies (Nickelkies), Grube Ludwigshoffnung, die Naumark bei Gladenbach,
16. Nickelocker, Grube Ludwigshoffnung,
17. Kobaltbeschlag, Gruben Ludwigshoffnung und Blankenstein bei Gladenbach,
18. Bleiglanz (IV),
19. Bleiglanzkrystalle mit einem Ueberzug von Kupferkies, Grube Boxbach,
20. Weissbleierz, Gruben Zukunft und Weissenstein bei Hartenrod,
21. Braunbleierz (Pyromorphit), Grube Zukunft,
22. Zinkblende (IV),
23. Galmei (IV),
24. Pyrolusit (IV),
25. Psilomelan (IV),
26. Hausmannit (IV),
27. Braunit (IV),

---

1) Bei denjenigen Mineralien, deren Fundorte bereits im IV. Abschnitte speciell angegeben sind, ist dieses durch die eingeklammerte Zahl IV bemerkt.

28. Manganit (IV),
29. Mangankiesel, Gruben Laisa und Schwarzenstein,
30. Wad, Gruben Heinrichssegen bei Ehringshausen, Abendstern bei Königsberg u. s. w.,
31. Manganspath, Grube Weidenstamm bei Braunfels,
32. Magneteisenstein (IV),
33. Eisenglanz (IV),
34. Eisenglimmer (Rubinglimmer), Gruben Raab bei Wetzlar, Louisenglück bei Waldgirmes, Eleonore bei Fellingshausen,
35. Rotheisenstein (IV),
36. Eisenrahm, Gruben Raab, Eleonore, Rasselstein bei Laufdorf,
37. Rother Glaskopf, Grube Fortuna bei Altenberg,
38. Göthit, Gruben Würgengel bei Braunfels, Werther bei Wetzlar,
39. Lepidokrokit, Gruben Weidenstamm, Werther,
40. Brauner Glaskopf, Gruben Fortuna, Heinrichssegen, Würgengel,
41. Stilpnosiderit, Grube Rothläufchen bei Waldgirmes,
42. Gelbeisenstein, Grube Martinus bei Niederkleen,
43. Eisenspath (IV),
44. Sphärosiderit (IV),
45. Raseneisenstein bei Erda,
46. Kakoxen, Grube Eleonore,
47. Vivianit, bei Waldgirmes,
48. Grüneisenstein, ebendaselbst,
49. Strengit, Grube Eleonore,
50. Beraunit (nach Ludwig), vielleicht identisch mit Strengit, Grube Eleonore,
51. Aphrosiderit, Grube Maria bei Leun,
52. Chlorit, Gruben Prinz Bernhard bei Stockhausen, Danzig bei Oberndorf,
53. Quarz, allseitig krystallisirt im Brauneisenstein der Grube Eleonore,
54. Quarz, aufgewachsene Krystalle, bei Rachelshausen, Königsberg, Grube Emma bei Allendorf u. s. w.,
55. Faserquarz, im Reiherwalde bei Albshausen,
56. Zerfressener Quarz, daselbst,
57. Bergkrystall, Grube Wormshard bei Waldgirmes, bei Bubenrod, Grube Eleonore,
58. Rauchtopas, Grube Eleonore,
59. Amethyst, bei Bechlingen im Mandelstein,
60. Jaspis, bei Hohensolms,
61. Hornstein, bei Bubenrod,
62. Chalcedon, bei Blasbach,

63. Eisenkiesel, rother, bei Hohensolms, Bechlingen, Werdorf, Daubhausen und bei den meisten Rotheisensteinen,

64. Eisenkiesel, brauner, Grube Heinrichssegen, Grube Marcus bei Kröffelbach,

65. Kieselguhr, auf den Gruben Eilt Euch bei Oberkleen und Wilhelmsschurf bei Naunheim,

66. Kalkspath, am Rimberge bei Rodheim, Grube Carolus II bei Altenberg, Grube Emma, im zersetzten Hyperit am Daubhause bei Rachelshausen u. s. w.,

67. Braunspath, im Dolomit bei Bieber, Braunfels u. s. w., Grube Boxbach,

68. Mesitinspath, Grube Glückstern bei Waldgirmes,

69. Ankerit, bei Bieber,

70. Aragonit, bei Tiefenbach und Waldgirmes,

71. Schwerspath (IV),

72. Augit, bei Oberdieten, Simmersbach u. s. w. in Diabasen,

73. Oligoklas, bei Bellnhausen,

74. Albit, ebendaselbst,

75. Hornblende, bei Hohensolms,

76. Labrador, an der Nickenmark bei Frankenbach besonders schön, sonst in allen Gesteinen der Grünsteinfamilie und im Basalt,

77. Diallag, bei Hohensolms, Frankenbach,

78. Hypersthen, bei Bechlingen, Werdorf u. s. w.,

79. Epidot, (Pistazit) bei Hohensolms,

80. Saussurit, bei Holzhausen a. d. Dautphe, Buchenau,

81. Chrysotil, Grube Ludwigshoffnung,

82. Olivin, in allen Basalten, im Hyperit von Rachelshausen,

83. Asbest, bei Tiefenbach, Rachelshausen, Mornshausen a. d. Dautphe,

84. Schillerspath, bei Rachelshausen,

85. Philipsit, (Harmotom) in den Mandelsteinen bei Bechlingen,

86. Heulandit, (Stilbit) bei Gleiberg, Dernbach und Wommelshausen,

87. Laumonit, bei Werdorf, Allendorf,

88. Chabasit, bei Bonbaden,

89. Analcim, ebendaselbst,

90. Glaukonit, im Schalstein am blauen Berge bei Oberndorf, bei Allendorf im Ulmthale,

91. Umbra, bei Oberndorf, Haina,

92. Eisenvitriol, am Kirschenwäldchen bei Nauborn,

93. Haarsalz, auf Grube Eduard bei Laufdorf im zersetzten Alaunschiefer,

94. Gyps, in faustgrossen Krystallaggregaten in der Tertiärformation an der Reviergrenze bei Niederkleen,

95. Staffelit, bei Waldgirmes,

96. Apatit, bei Waldgirmes,
97. Phosphorit (IV),
98. Wawellit, im Kieselschiefer am Dünstberge bei Fellingshausen,
99. Wawellit, in Gesellschaft des Phosphorits bei Waldgirmes,
100. Braunkohle, (Lignit) bei Greifenstein,
101. Retinit, ebendaselbst,
102. Elaterit, ebendaselbst,
103. Anthracit, im Kulmschiefer bei Frankenbach,
104. Asphalt, bei Holzhausen a. d. Ulm im Kalke,
105. Schwefelkies (Pyrit) (IV),
106. Speerkies, (Markasit) bei Dreisbach,
107. Magnetkies, eingesprengt in den Grünsteinen von Lixfeld,
108. Cordierit, in denselben Grünsteinen (Labradorporphyr).

VI. Kurze Beschreibung der Lagerungsverhältnisse auf den wichtigeren Gruben des Reviers.

Eine dauernde grössere Wichtigkeit hat im Reviere Wetzlar nur der Eisensteinbergbau erlangt, während der Kupfer-, Nickel- und Manganerzbergbau, wie schon in dem III. und IV. Abschnitte erläutert worden ist, nur vorübergehender kurzer Blütheperioden sich zu erfreuen gehabt hat, und der Bergbau auf Braunkohlen, Blei- und Zinkerze überhaupt noch nicht zur Blüthe hat gelangen können.

Es dürfte unter diesen Umständen gerechtfertigt sein, zunächst über die Lagerungsverhältnisse der wenigen Gruben der zweiten Kategorie, welche gegenwärtig mit gutem Erfolge, oder doch mit begründeter Aussicht auf solchen betrieben werden, Einiges zu sagen, und sodann auf die Lagerungsverhältnisse der wichtigeren Eisensteingruben näher einzugehen.

Von den Kupfererzgruben hat nur die Grube Boxbach bei Klein-Gladenbach (9) Aufschlüsse, welche einen längeren rentabeln Betrieb erwarten lassen. Der Gang dieser Grube — eigentlich sind es drei durch 7 bis 8 m mächtige Thonschiefermittel getrennte Parallelgänge, — streicht hora 10 bis 11, fällt mit 66° nordöstlich ein und setzt im Wissenbacher Schiefer auf, wie schon oben gesagt worden ist. Die auf jedem der 3 Trümmer circa 1 m mächtige Gangmasse besteht aus Quarz. Die Baue der Alten haben sich im

Streichen über 200 m weit ausgedehnt und sind bis 42 m unter die Sohle des alten sogenannten Wasserstollens niedergegangen. Unter den Bauen der Alten ist in den letzten Jahren der Gang in einer streichenden Länge von 120 m bauwürdig nachgewiesen worden. In dieser Erstrekung steht derber Kupferkies meistens am Liegenden, bisweilen 0,20 bis 0,37 m, bisweilen auch nur 0,05 bis 0,08 m mächtig an. Die übrige Gangmasse enthält schwächere Rippchen von Kupferkies und ist ausserdem mehr oder weniger stark mit diesem Minerale imprägnirt. Die durchschnittliche, auf derbe Erzmasse reducirte Mächtigkeit mag wenigstens 0,16 m betragen. Die Arbeiten zur Untersuchung des Erzvorkommens unter den Bauen der Alten sind auf dem liegenden Trumme ausgeführt worden.

Unter den im Reviere vorhandenen Nickelerzgruben hat nur die Grube Ludwigshoffnung bei Bellnhausen (50) bisher günstige Resultate geliefert. Ueber das Erzvorkommen dieser Grube ist bereits im vierten Abschnitte Einiges gesagt worden. In den Jahren 1845 bis 1867 hat Betrieb auf drei linsenförmigen Stöcken stattgefunden. Der nordwestliche Stock war der bedeutendste und edelste. Er war circa 50 m lang und circa 25 m breit. Seine Längenachse lag in hora 8. Der zweite Stock war circa 40 m lang, 12 m breit und hatte ein Streichen in hora 8½; der dritte, welcher nur arme Erze enthielt, streicht in hora 7 und wurde nur wenig untersucht.

Die drei Stöcke liegen in einer geraden Linie in hora 9½, die Längenrichtung eines jeden weicht also von der Richtung ab, in der sie zu einander liegen. Alle drei Stöcke fallen mit 35 bis 55° südwestlich ein. Der Zwischenraum zwischen dem ersten und zweiten Stock beträgt 20 bis 25 m und derjenige zwischen dem zweiten und dritten Stock circa 100 m. Zwischen den beiden letzteren Stöcken ist noch ein vierter tauber Stock vorhanden. Die alten Abbaue sind auf den beiden ersten Stöcken 14 m unter den nur 16 m Teufe einbringenden Stollen niedergegangen. In einem 15 m weiter niedergebrachten Gesenke waren die Erze noch mächtig aber sehr arm.

Die Versuche, in den alten, im Jahre 1875 aufgewältigten Bauen noch bauwürdige Mittel aufzuschliessen, sind aufgegeben worden, hingegen war man so glücklich, circa 80 m im Liegenden des zweiten Stocks einen neuen Stock aufzuschliessen, welcher recht edle Erze führt, in hora 10¼ streicht und flach (mit 25 bis 30°) nordöstlich einfällt. Derselbe ist bereits 25 m im Streichen verfolgt. Die Mächtigkeit ist geringer, nur 1 bis 6 m, so dass das Vorkommen hier mehr gangartig erscheint. Nach einer dem Verfasser vorgelegten Analyse des Professors Engelbach zu Giessen enthalten die Erze 4,92 Proc. Nickel. Es scheint aber, dass man zu dieser Analyse ein ausgesuchtes reichhaltiges Erzstück verwendet hat. Da indess die Erzimprägnationen in der ganzen Gangmasse sehr gleichmässig vertheilt sind, so dürfte der durchschnittliche Nickelgehalt doch immerhin auf wenigstens 2 bis 2½ Proc. zu schätzen sein.

Diese Ansicht scheint auch durch 7 Proben bestätigt zu werden, welche nach den Angaben des Oberschmelzers Rumpf zu Müsen enthalten haben:

1. 0,60 Cu und 4,92 Ni
2. 0,68 „ „ 4,83 „
3. 0,18 „ „ 2,91 „
4. 0,25 „ „ 1,35 „
5. 0,58 „ „ 5,05 „
6. 0,18 „ „ 1,82 „
7. 0,06 „ „ 0,48 „

Die Angaben von Rumpf dürften aber volles Vertrauen nicht verdienen. Wenigstens hat die Untersuchung des aus den Erzen auf der Aurorahütte dargestellten geschwefelten Kupfernickels ergeben, dass entweder das quantitative Verhältniss des Gehalts der Erze an Kupfer und Nickel von Rumpf unrichtig ermittelt worden, oder dass ein beträchtlicher Theil des Nickelgehalts verloren gegangen ist. Die letztere Alternative hat wenig Wahrscheinlichkeit für sich, wesshalb anzunehmen ist, dass Rumpf den Kupfergehalt zu niedrig angegeben hat.

Die von Meinecke, Fresenius und Rumpf ausgeführten Analysen des dargestellten geschwefelten Kupfernickels haben nämlich ergeben:

1. nach Meinecke   .   .   54,26 Ni
                          0,55 Co
                          0,54 Fe
                         31,34 Cu
                         13,22 S
             Spuren von Sb.
2. nach Fresenius   .   .   48,87 Ni
                          0,49 Co
                          1,05 Fe
                         33,47 Cu
                         14,80 S
                          0,55 As
                          0,09 CaO
                          0,04 MgO
                          0,57 unlöslicher Rückstand.
3. nach Rumpf   .   .   .   62,85 Ni
                         19,80 Cu.

Der Manganerzbergbau ist bekanntlich in hiesiger Gegend sehr zurückgegangen, seitdem die mulmigen, manganhaltigen Brauneisensteine beim Eisenhüttenbetriebe massenhaft Verwendung finden. Während man früher aus diesen mulmigen Erzen, wie schon oben angegeben wurde, die reinen Manganerze durch nasse Aufbereitung möglichst rein ausschied, lässt man jetzt alle kleineren Manganerzstückchen zwischen dem Eisensteine, um ihn auf diese

Weise werthvoller zu machen, und begnügt sich damit, nur die derben Manganerzstufen auszulesen. An die Stelle des früher bedeutenden Manganerzbergbaues auf den den Massenkalk bedeckenden bekannten Ablagerungen ist also jetzt ein noch bedeutenderer Bergbau auf manganhaltige Brauneisensteine getreten, bei welchem reine Manganerze nur als Nebenprodukt gewonnen werden. Ein eigentlicher Manganerzbergbau geht demnach jetzt nur noch auf den reine Manganerze führenden Lagerstätten im Rothliegenden und im Kulm um. Auf solchen Lagerstätten bauen nur die Bergwerke Laisa (59) und Horst (43) bei Laisa. Die Lagerungsverhältnisse auf diesen Werken sind bereits im vierten Abschnitte kurz angegeben, wesshalb hier nur noch zu bemerken sein dürfte, dass das Lager im Districte Horst, welches im Kieselschiefer aufsetzt, sich durch ein äusserst regelmässiges Streichen und Einfallen (hora 4¼ und 40 bis 50° südöstlich) und durch seine bedeutende, bereits in einer Länge von circa 800 m vollständig nachgewiesene Ausdehnung auszeichnet, und dass der Pyrolusitgang im Rothliegenden eine Mächtigkeit von 0,30 bis 0,95 m hat und bis jetzt nach dem Einfallen bin 32 m unter der Thalsohle beim Betriebspunkte Margaretha bauwürdig bekannt geworden ist.

Bei der Beschreibung der Lagerungsverhältnisse der Eisensteingruben sind die Rotheisensteingruben von den Brauneisensteingruben schon wegen der Verschiedenartigkeit des Erzvorkommens getrennt zu halten.

Was die Rotheisensteinlager anbelangt, so befindet sich der bedeutendste Zug derselben auf dem linken Ufer der Lahn von Garbenheim bis Braunfels, an der südöstlichen Seite (im Hangenden) des grossen Massenkalkzugs. Auf der andern Seite dieses Kalkzugs befinden sich zwar auch noch bedeutende Gruben, aber die vorhandenen Ablagerungen sind nicht mehr stundenlang ausgedehnt, sondern durch mächtige Grünsteine so unterbrochen oder abgeschnitten, dass längere Lagerzüge fehlen und gewöhnlich nur ganz isolirte Lagerstücke von geringer Länge auftreten.

Von den wichtigeren Gruben, welche dem Hauptzuge angehören, dürften in von Osten nach Westen gehender Reihenfolge zu nennen sein:

a. Würzberg bei Garbenheim (139). Hier befinden sich kurze, vielfach durch Klüfte verworfene Rotheisensteinmittel von 1 bis 6 m Mächtigkeit, welche Diabas-Mandelstein zum Liegenden und Kramenzelschiefer zum Hangenden haben. Das hora 2 bis 3 streichende, flach östlich einfallende Lager zieht sich an dem östlichen Rande des auf der von Dechen'schen Karte angegebenen Diabasrückens hin und erstreckt sich mit kurzen Unterbrechungen über die südliche Grenze des Grubenfeldes Würzberg hinaus durch die Grubenfelder Hoffnungslust (186), Engelsberberg (187), Wahlheim (188), Fortuna (189) und Ceres (140), indem es nach Süden zwar an Mächtigkeit abnimmt, aber auch reichhaltiger und edler wird, und im Uebrigen, ganz wie im Felde Würzberg, durch häufige verwerfende Klüfte in kurze Mittel getheilt wird. In den Feldern Hoffnungslust, Fortuna und Engelsberberg ist es bereits grösstentheils abgebaut.

Westlich von jenem Diabasrücken, aber nicht in Berührung mit demselben, sondern schon am nordwestlichen Rande des ihn überlagernden Kramenzelstreifens liegen die Gruben Philippswonne und Raab.

b. **Philippswonne** bei Garbenheim (20). Hier sind zwei Mulden bekannt, eine grössere westliche und eine kleinere östliche. Die westliche, in der Richtung des Tagesgehänges, aber etwas steiler nach Nordosten sich senkend, ist circa 200 m lang und 100 bis 120 m breit; sie geht nur 40 m unter die Tagesoberfläche, 10 m unter die Sohle des tiefen Stollens nieder. Ihr Liegendes ist grauer verwitterter Schalstein, ihr Hangendes Kramenzel-Kalk und Schiefer. Das Einfallen ist nach allen Seiten hin ziemlich flach, und die Mächtigkeit des einen vortrefflichen Eisenstein führenden, hin und wieder mit Eisenkiesel verunreinigten Lagers schwankt zwischen 1 und 8 m. Der obere, westliche Theil der Mulde wird jetzt durch Tagebau gewonnen. Die hangenden Kramenzelkalke sind meistens eisenschüssig und enthalten Trümmer und Nester sehr brauchbaren Rotheisensteins, dessen Gewinnung die Kosten des Abraums stellenweise deckt.

Die kleinere östliche Mulde ist nur 55 m lang und 45 m breit; sie liegt grösstentheils unter der Sohle des tiefen Stollens und ist bereits vor 12 bis 15 Jahren bis 7 m unter der Stollensohle abgebaut worden. Bei dem starken Betriebe, welcher schon seit einigen Jahren geführt wird, werden die beiden Mulden in 2 bis 3 Jahren erschöpft sein. Ganz vor Kurzem ist übrigens noch eine dritte, weiter östlich gelegene Mulde aufgefunden worden, mit deren Untersuchung man gegenwärtig beschäftigt ist.

c. **Raab** bei Wetzlar (131). Auf dieser Grube führt man Betrieb auf einem ziemlich regelmässig in hora 3 bis 3½ streichenden, in oberer Teufe mit 40 bis 45°, in der Stollensohle aber mit 25 bis 30° südöstlich einfallenden Lager, welches verwitterten gelben Schalstein zum Liegenden und verwitterten, hellgefärbten Kramenzelschiefer zum Hangenden hat. Stellenweise, in der Umgebung des alten Göpelschachtes, fehlt im Hangenden der Kramenzelschiefer und liegt Alaun- und Kieselschiefer, also der Kulm, direct auf dem Lager. Dieses setzt unter die Sohle des tiefen Ludwigsstollens, welcher circa 100 m Seigerteufe einbringt, noch regelmässig nieder. In oberer Teufe, bis 50 m unter der Hängebank des Göpelschachtes, ist nur ein zusammenhängendes Lager vorhanden. Von hier an aber theilt sich dasselbe in zwei sich allmählich immer mehr von einander entfernende Trümmer. Diese liegen in der Stollensohle stellenweise schon über 50 m von einander, nähern sich aber wieder in südwestlicher Richtung. Die Mächtigkeit des Lagers beträgt in oberer Teufe durchschnittlich 5 bis 6 m. Die beiden Trümmer aber haben in der Stollensohle durchschnittlich zusammen wohl noch etwas mehr Mächtigkeit und zeichnen sich vor dem oberen Lagertheile auch dadurch vortheilhaft aus, dass sie weniger Einlagerungen von Eisenkiesel enthalten. In einem durch das hangende Trumm in der Stollensohle getriebenen Querschlage steht sogar durchweg edler Rotheisenstein ununterbrochen 15 m lang an. Das Lager ist auf mehr als 300 m Länge im Streichen bekannt. Der südwestliche, weniger mächtige und kieselreichere Theil desselben, welcher im Einzelfelde Wilhelmszeche liegt und circa 120 m lang ist, wird von dem Hauptlager durch ein taubes Zwischenmittel getrennt.

An der rechten Seite des den Garbenheim-Braunfelser Lagerzug schneidenden Wetzbachs liegt noch das Lager der Gruben Louise (190) und Fürst Primas (191), welches Diabas-Mandelstein zum Liegenden und Kramenzelschiefer zum Hangenden hat, hora 8 streicht, nordöstlich einfällt und 3 bis 5 m mächtig ist; gegenüber an der anderen Seite des Bachs, unter dem Calsmunt, befinden sich die Lager der Gruben Prinzessin Louise (192), Engelsburg (193), Margaretha Neufang (194) und Eisenhardt (195) u. s. w. Diese Gruben sind, weil ihre besseren Lagertheile bereits abgebaut sind, zu den wichtigeren nicht mehr zu rechnen.

Das sich zunächst nach Südwesten anschliessende Terrain ist in einer Länge von circa 1000 m mit einer sehr mächtigen Decke Kramenzelschiefers versehen, welcher bis jetzt noch nicht durchteuft worden ist. Erst westlich von Nauborn liegen wieder bedeutende Eisensteinlager in der Nähe der Tagesoberfläche. Es sind hier zu nennen die Gruben:

d. Juno bei Nauborn (19). In diesem Felde kennt man 3 Lager, auf welchen Betrieb geführt wird. Das hangende Lager, welches das bedeutendste ist, setzt im Rothenbachthale auf und ist bereits auf beiden Seiten desselben, theils durch Tagebau, theils unterirdisch bebaut worden. Vom Rothenbachthale aus ist das Lager, welches hora 2 streicht und durchschnittlich mit 30° östlich einfällt, nach Süden bis über die Feldesgrenze hinaus (Grubenfeld Goldbach (196)) auf 700 m Länge nachgewiesen. Nördlich von jenem Thale verdrückt sich das Lager, setzt aber dann in den Feldern Johann Heinrich (158) und Johannette (197) wieder bauwürdig auf und ist im Ganzen, einige grössere Unterbrechungen abgerechnet, auf mehr als 1600 m Länge im Streichen bekannt. Das Hangende ist Kramenzelschiefer, stellenweise auch Goniatitenkalk, das Liegende Schalstein. Die Mächtigkeit betrug in den Tagebauen zu beiden Seiten des Rothenbachthals 2 bis 6 m. Nach der Teufe hin nimmt dieselbe stellenweise sehr zu. In dem tiefen Stollen der Grube Juno hat man das Lager 15 m unter der Tagebausohle querschlägig 36 m durchfahren, wobei das Einfallen am Hangenden nur 25 bis 30°, am Liegenden hingegen 70° betrug. Von hier nimmt in südlicher Richtung die Mächtigkeit im Allgemeinen ab, auch sind mehrfache Verwürfe und Verdrückungen vorhanden, aber man findet doch an mehreren Stellen und namentlich auch an der südlichen Markscheide der Grube Juno noch Eisensteinmittel von 6 m Mächtigkeit. Neben sehr edlem Rotheisenstein enthält das Lager fast überall Ein-

4

schlüsse von Eisenkiesel und Quarz. In den Feldern Johann Heinrich und Johannette war dieses Lager, welches daselbst bis auf die Stollensohle abgebaut ist, 1 bis 5 m mächtig und ging in Brauneisenstein über.

Das zweite Lager im Felde Juno befindet sich circa 180 m im Liegenden des ersteren. Es ist nur durch 2 Schächte und Streckenbetrieb auf der linken Seite des Rothenbachthals untersucht worden, wo man, obwohl die Mächtigkeit 4 bis 6 m betrug, die Arbeiten wieder einstellte, weil das Lager nach der Teufe hin zu sehr in Kalk übergeht.

Wichtiger ist das dritte liegende Lager im Districte Aspen. Es besteht aus zwei Trümmern, von welchen das hangende rauh, das liegende aber sehr edel ist. Das Lager ist in oberer Teufe abgebaut, aber im vorigen Jahre hat man den tiefen Stollen bis an dasselbe herangebracht. Die Lagermächtigkeit beträgt hier 1 bis 4 m bei sehr guter Qualität.

Der über dem Stollen noch vorhandene unverritzte Pfeiler hat eine Höhe von 56 m. Es ist kaum zu bezweifeln, dass dieses Lager mit demjenigen identisch ist, welches man in früheren Jahren in dem südwestlich angrenzenden Einzelfelde Adelheid (198) der consolidirten Grube Uranus bis auf die Grundwasser abgebaut hat, und man darf daher erwarten, dass der tiefe Stollen der Grube Juno in der Richtung nach Adelheid noch bedeutende Aufschlüsse bringen wird. Das Lager streicht ebenfalls in früher Stunde (hora 2), fällt mit 40° südöstlich ein und hat Kramenzelschiefer zum Hangenden und Schalstein zum Liegenden.

e. Amanda bei Nauborn (141), nordwestlich an Juno grenzend, baut auf einem noch weiter im Liegenden befindlichen, also vierten Lager. Dieses legt sich um einen unregelmässigen, im Durchschnitt etwa hora 6 streichenden Diabas-Mandelsteinrücken, an welchem es nach Süden und Norden flach einfällt. Nach Osten tritt an die Stelle des Diabas-Mandelsteins auch Schalstein. Das hangende ist Kramenzelschiefer, stellenweise auch Goniatitenkalk. Die Mächtigkeit beträgt 2 bis 6 m. Nach Osten geht das Lager, welches bereits in einer Fläche von 180 m Länge und 80 m Breite nachgewiesen ist, in Flussstein (kalkhaltigen Rotheisenstein) über, welcher auf der Sophienhütte in grossen Quantitäten zugeschlagen wird. Der tiefe Stollen, welchen man aus dem Felde Johann Heinrich heranbringt, wird die Lagerungsverhältnisse mehr aufklären und namentlich für den Aufschluss des nach Osten noch vorliegenden grossen Feldestheils, welcher die oben erwähnte circa 1000 m lange, von sehr mächtigem Kramenzelschiefer bedeckte Fläche enthält, von grosser Wichtigkeit sein.

f. Uranus bei Laufdorf (199) grenzt westlich an die Grube Amanda, deren Baue dicht an der Markscheide liegen. In den Einzelfeldern Wespe und Herzog des aus 20 Feldern konsolidirten Werkes baut man auf der Fortsetzung des Amanda'er Lagers.

In dem Stollen der Grube kennt man 6 Eisensteinmittel, welche durch

Sattel- und Muldenbildungen mit einander in Verbindung zu stehen scheinen. Nur das erste, zweite und letzte Mittel gehen bis unter die Stollensohle nieder; die drei übrigen haben ihr Muldentiefstes über derselben. Die Mittel sind 1 bis 8 m mächtig und führen einen vortrefflichen Eisenstein. Das erste (hangende) Mittel befindet sich an der Markscheide von Herzog und fällt in das angrenzende Feld Reulstrauch ein (200).

Das Lager im Einzelfelde Adelheid, welches bereits oben als Fortsetzung des dritten Lagers von Juno bezeichnet wurde, streicht regelmässig durch das ganze Feld, ist 1 bis 3 m mächtig und fällt sehr flach (10 bis 15°) südöstlich ein, geht also wahrscheinlich in das in dieser Richtung vorliegende Einzelfeld Bleibtreu über.

Südwestlich von Adelheid setzt das Lager noch bis in das Einzelfeld (Verona (201)) fort. Dieses Lager ist sonach, allerdings mit einer längeren Unterbrechung, auf mehr als 1000 m Länge im Streichen bekannt.

In den Einzelfeldern Eck, Adolph, Wohlfahrt, Rasselstein, Simson, Mercur (202), Handel, Erfurt, Margaretha (203), Eberhard und Dreifuss kennt man ebenfalls noch mächtige Lager, deren weiterer Aufschluss der Zukunft vorbehalten ist. Die Grube Uranus, im besten Theile des Garbenheim-Braunfelser Zuges liegend, ist sonach wahrscheinlich auch die reichste desselben.

g. Prinz Alexander bei Laufdorf und Burgsolms. In dem Einzelnfelde Zufall (204), welches zunächst an Uranus sich anschliesst, ist durch Pingen und alte Arbeiten, welche vor 15 Jahren eingestellt worden sind, ein Lager von 2 bis 4 m Mächtigkeit in einer streichenden Länge von 300 m bekannt. Der Eisenstein geht in Brauneisenstein über und enthält ziemlich viel Kiesel. Nach Westen geht das Lager in das Einzelfeld Oscar (205) über, in welchem es edler wird. Es hat hier an der südlichen Grenze der Grube Eduard (180) eine Mächtigkeit von 3 bis 5 m bei vortrefflicher, mulmiger Qualität. Wie alle Lager in der nähern Umgebung, zeigt es kein regelmässiges Streichen und Einfallen, sondern bei im Ganzen flacher Ablagerung unregelmässige Nester- und Muldenbildungen. — Noch mehr tritt dieser Charakter in den nach Westen vorliegenden Einzelfeldern Klipstein (206) und Prinz Alexander (207), namentlich im letzteren, hervor. Fast dieses ganze Feld ist an der Oberfläche mit Pingen bedeckt. Die Vorfahren, welche bekanntlich nur den mulmigen leichtflüssigen Eisenstein suchten, die derben strengflüssigen Erze aber unberührt liessen, haben uns hier, wo die letzteren Erze neben den ersteren massenhaft vorgekommen sind, den Weg zur Aufsuchung der Lagerstätten vollständig gezeigt. Diese bilden unregelmässig geformte Nester und Mulden, welche über- und nebeneinander vielfach derartig wechseln, dass eine vollständige Aufsuchung und Gewinnung derselben nur durch Tagebau möglich ist. Nur an wenigen Stellen gehen die Eisensteinmittel bis auf die Stollensohle nieder und bilden hier auch etwas grössere

regelmässigere Mulden. — Ganz ähnlich ist das Verhalten auf der nördlich
an Prinz Alexander grenzenden consolidirten Grube

h. Oberndorferzug bei Burgsolms und Oberndorf, in deren Einzeln-
feldern Blümchen (208) und Marsch (209).

Sehr interessant und wichtig ist das schon früher erwähnte Eisensteinvorkommen im Districte Eisenberg und dessen Umgebung bei Oberndorf. Es
kommen hier die reichsten und reinsten für den Bessemerprocess geeigneten
Rotheisensteine vor. Der Rücken des Eisenberges ist durch das auf circa
800 m Länge im Streichen theils durch alte Pingen, theils durch neuere,
bis zum Jahre 1860 ausgeführte Bergarbeiten bekannte, in oberer Teufe entweder abgebaute oder sehr kieselige Lager der Grube

i. Ferdinand bei Oberndorf (130) bedeckt. Von diesem Lager abge-
rissene Eisensteinstücke befinden sich massenhaft als Gerölle an allen Gehän-
gen des Eisenberges und bilden daselbst Seifenwerke in unter der Dammerde
liegenden weit verbreiteten, 1/2 bis 5 m mächtigen Ablagerungen, den sogenannten Rolllagern. Am ausgedehntesten sind diese Ablagerungen am
südlichen Hange des Eisenberges, wo sie nicht nur einen grossen Theil des
Feldes Ferdinand bedecken, sondern auch in den Grubenfeldern Constantin
(210), Gotthard (149), Hugo (148), Hermann (150), Agricola (151), Frie-
drike Caroline (211) und Odilo (212) besonders verliehen sind. An dem westlichen Hange des Berges liegt der zu Ferdinand gehörige Betriebspunkt
Hüttenwasen, an welchem das Rolllager 4 bis 5 m mächtig ist, und ausserhalb des Feldes Ferdinand bauen auf dem Rolllager hier noch die Gruben
Schmelz (152), Endlich (153) und Spahr. Am nördlichen Hange liegen die
Rolllager der Gruben Urgus (213), Espe (214) und Oberndorferzug, (Einzelnfeld Olga (215)) und am östlichen diejenigen von Waldecke (216) und Uranus (Einzelnfelder Dreifuss (217) und Uranus). Am südlichen Hange liegt
das Gerölle auf dem Flötzleeren, am westlichen, nördlichen und östlichen auf
dem Oberdevon. Die Rolllager enthalten, wo sie besonders reich sind, etwa
1/3, gewöhnlich kaum 1/5 und stellenweise nur 1/10 an brauchbarem Eisensteine. Die Verunreinigung besteht aus Lehm, Thonschiefer und Eisenkiesel,
am südlichen Hange auch aus zersetztem Flötzleeren. Die Aufbereitung macht
keine Schwierigkeiten, da lettige Beimengungen selten sind.

k. Ottilie bei Braunfels (145). Diese Grube ist eine der ältesten des
Reviers, wie die in ihrem Felde vorhandenen Pingenzüge und Reste alter
Rennfeuer so wie die bis zu beträchtlicher Tiefe niedergehenden alten Baue
beweisen [1]).

Die in dem Felde bekannten Eisensteinlager zeigen eine im Reviere

---

1) Im Sommer 1874 fand man 25 m unter dem oberen Stollen in einem Abbau
auf dem hangenden Lager Reste eines menschlichen Skelets, welche wahrscheinlich von
einem schon vor mehreren hundert Jahren hier verschütteten Bergmann herrühren.

aussergewöhnliche Regelmässigkeit. Man führt seit Jahren nur im Districte „Rossberg" Betrieb, wo zwei Lager vorhanden sind, welche sich gegen Westen vereinigen und nach Osten divergiren. Das liegende Lager hat man in einer Länge von circa 400 m, das hangende 220 m weit aufgeschlossen. Der tiefe, vom Philippsteiner Thale herangebrachte Stollen löst die Lager 80 m unter der Sohle des früheren Tiefbaues. Die Lager, welche, wie schon früher erwähnt, nördlich einfallen, haben eine Mächtigkeit von 1 bis 5 m, im Durchschnitt von je 2 m. Die alten Baue im Distrikte „Guter Graben", welche von den Bauen im Districte „Rossberg" circa 600 m nach Osten entfernt sind, scheinen sich auf dem hangenden Lager zu befinden, und das liegende Lager ist nach vorliegenden Pingen noch circa 500 m östlich zu verfolgen. Es bleibt also nach dieser Richtung noch ein weites Feld zu untersuchen. Im südlichen Feldestheile sind noch zwei weitere Lager durch alte Arbeiten bekannt, das eine auf 300, das andere auf 100 m Länge, welche durchschnittlich 1 m mächtig sind.

Ausserhalb des Garbenheim-Braunfelser Lagerzugs, an der nordwestlichen Seite des grossen Massenkalkzugs, liegt zunächst der ziemlich regelmässige Lagerzug der Grube

Gutglück bei Braunfels (144), welcher auf beiden Seiten des Iserbachthals zu beobachten und in einer Länge von circa 3000 m bekannt ist. Links vom Thale ist er durch die Einzelfelder Abendstern, Waldmeister, Weidmannsheil, Mira, Maitrank, Eugen und Fasan, rechts davon durch die Einzelfelder Gutglück, Vereinigung, Neptun, Bamberg, Freundschaft, Ernst, Joseph und Osan gedeckt. Im westlichen Theile dieses Zugs sind zwei sehr regelmässige Rotheisensteinlager von 0,6 bis 1,3 m Mächtigkeit bekannt, welche bis auf die Sohle des Düppelstollens bereits abgebaut sind. Das circa 1000 m weit verfolgte Streichen ist hora 4, das Einfallen steil nordwestlich. Oestlich vom Iserbachthale, wo sich beide Lager vereinigt zu haben scheinen, kennt man das in gleicher Richtung fortstreichende und auch nordwestlich, aber weniger steil einfallende Lager auf circa 2000 m Erstreckung. Die Lösung ist hier durch den Alsenstollen erfolgt, über welchem in den Einzelfeldern Ernst, Gutglück, Osan und Bamberg noch beträchtliche Pfeiler vorhanden sind. Im Felde Gutglück sind auch noch bedeutende Brauneisensteinlager bekannt, von welchen später die Rede sein wird. Von dem Gutglücker Lagerzuge nach Nordwesten, durch einen mächtigen Grünsteinzug davon getrennt, liegt der Lagerzug der Grube

Maria bei Leun (30), welcher nach dem Garbenheim-Braunfelser der bedeutendste sein dürfte. Er schneidet die Lahn bei der Leuner Brücke und ist in nordöstlicher Richtung circa 5000 m weit zu verfolgen.

Das hora 5 streichende und mit 45° südöstlich einfallende Lager der Grube Maria bildet, bevor es das letztere regelmässige Einfallen annimmt, am Ausgehenden zwei kleine Mulden, wodurch der durch Tagebau zu gewinnende Theil des Lagers beträchtlich vermehrt wird. Die Mächtigkeit des Lagers beträgt 4 bis 15 m, die aufgeschlossene Länge desselben 400 m. Ueber dem tiefen Stollen, welcher 80 m Teufe einbringt, steht ein Pfeiler von 42 m Höhe noch unverritzt an. Das Hangende besteht aus Kramenzelschiefer, das Liegende aus Schalstein.

Nordöstlich von Maria liegen die Gruben Eckstein (218), Bertha (219), Fehmühl (220), Apollo (221), Victoria (155), Richardszeche (154), Alwine (222), Juliane (223), Fortuna (157) u. s. w. auf demselben Lagerzuge. Von diesen Gruben enthält Eckstein zwar ein 6 m mächtiges Lager, aber dasselbe ist grösstentheils rauh und liegt mit seinem Ausgehenden nur wenige Meter über dem Spiegel der Lahn. Fehmühl und Apollo sind hingegen bis auf die Stollensohlen bereits abgebaut. Das Lager von Apollo streicht, durchschnittlich 1 m mächtig, in einer Länge von 360 m durch das ganze Grubenfeld und setzt in dem angrenzenden Felde Victoria mit etwas grösserer Mächtigkeit noch 320 m weiter fort. Dieses Lager ist also in einer Länge von circa 700 m ununterbrochen bauwürdig vorhanden. Richardszeche baut eine Gerölle-Ablagerung ab, welche von dem Lager der Grube Victoria hinabgeführt worden ist. Diese Gerölle-Ablagerung ist nur local, bereits fast ganz abgebaut und an Ausdehnung mit der den Eisenberg bei Oberndorf umlagernden nicht zu vergleichen. Das Lager der Grube Bertha liegt im Hangenden desjenigen von Fehmühl und Apollo. Es ist zwar etwas mächtiger, aber häufig sehr mit Eisenkiesel verunreinigt, geht sogar stellenweise in reinen Eisenkiesel über. In dem Felde Alwine ist das Lager meistens kalkspäthig und im Felde Juliane geht es in Brauneisenstein über. In dem letzteren Felde hat man es in 30 bis 45 m Teufe 200 m lang im Streichen bauwürdig mit einer Mächtigkeit von 1 bis 2 m verfolgt. Es streicht hora 4¼ und fällt steil südöstlich ein.

Wahrscheinlich ist das Lager von Juliane identisch mit dem weiter nordöstlich vorliegenden, durch das Grundbachthal davon getrennten Rotheisensteinlager der Grube Fortuna bei Berghausen, welches in einer Länge von 250 m bis auf die Grundwasser abgebaut ist. Der zwischen diesem und dem Julianer Lager vorhandene, noch nicht untersuchte Zwischenraum hat allerdings eine Länge von 500 m, aber in ihrem Streichen, ihrem Einfallen und in ihrer Mächtigkeit correspondiren beide Lager vollständig mit einander. Ein zweites Rotheisensteinlager ist im Felde Fortuna durch den tiefen Stollen aufgeschlossen und bis auf die Sohle desselben in einer Länge von 120 m grösstentheils abgebaut worden. Westlich davon kennt man im Districte „Lichtenwald" noch ein drittes Rotheisensteinlager, dessen Ausgehendes durch eine Reihe Pingen kenntlich ist. Die neueren Versuche auf demselben sind wieder aufgegeben worden, weil der darauf vorkommende Eisenstein zu sehr mit Kiesel verunreinigt war. Einen grossen Eisensteinvorrath birgt das im Hangenden der Rotheisensteinlager aufsetzende, hora 8 streichende und mit 30 bis 40°

nordöstlich einfallende, 2 bis 10 m mächtige Brauneisensteinlager der Grube Fortuna. Dasselbe ist durch Tagebau und durch den Betrieb im tiefen Stollen, welcher 10 m saiger unter die Stollensohle niedergeht, in einer streichenden Länge von 220 m aufgeschlossen und setzt nach Westen und Osten regelmässig noch weiter fort. Bekannt sind die in diesem Lager sehr häufigen, schönen und grossen Drusen von braunem Glaskopf. Dieses Lager ist hier unter den Rotheisensteinlagern aufgeführt worden, weil sein Vorkommen demjenigen der letzteren entspricht, mit demjenigen der auf dem Massenkalke ruhenden Brauneisensteinlager aber nichts gemein hat.

Das sowohl an Qualität als auch an Quantität ausgezeichnete Lager der Grube

Prinz Bernhard bei Stockhausen (143) ist weder in östlicher, noch in westlicher Richtung über die Grenzen des Feldes hinaus weiter zu verfolgen. Es hat ein regelmässiges Streichen (hora 4), fällt aber in oberer Teufe mit 30 bis 40°, unter dem Stollen mit 60 bis 80° nordwestlich ein. Das östliche, 300 m lange und 2 bis 8 m mächtige Mittel ist bis auf die Sohle des Albertsstollens, welcher circa 25 m über dem Lahnspiegel angesetzt ist, vollständig abgebaut und man ist auch bereits mit einem Tiefbau weitere 25 m unter die Stollensohle niedergegangen, in welchem gegenwärtig allein Betrieb stattfindet. Das Lager geht regelmässig nieder und zeigt sich in der Tiefbausohle von ausgezeichneter Qualität, weshalb man den Maschinenschacht demnächst noch um 25 m weiter abzuteufen beabsichtigt. Das sehr verwitterte und druckhafte Nebengestein, im Hangenden Kramenzelschiefer, im Liegenden Schalstein, macht den Betrieb sehr schwierig. Die weiter westlich im Felde Prinz Bernhard noch vorliegenden Eisensteinmittel sind weniger mächtig und ausgedehnt, auch reicher an Eisenkiesel.

Ebenso isolirt, wenn auch etwas ausgedehnter, ist das Eisensteinvorkommen der Grube

Emma bei Allendorf (21). Hier kennt man zwei nach Osten in ihrem Streichen stark convergirende Lager, welche beide Schalstein zum Liegenden und Goniatitenkalk zum Hangenden haben. Auf dem südlichen Lager, welches beinahe genau in der Richtung des Meridians streicht, befinden sich Baue in den Districten Arnsburg und Klingelkaute. Durch diese Baue und die dazwischen sowie südlich von der Klingelkaute vorhandenen Pingen ist das Lager in einer streichenden Ausdehnung von 500 m bekannt. Es ist in der Arnsburg 3 bis 8 m und in der Klingelkaute 2 m mächtig. Sein Einfallen ist östlich mit 30 bis 50°. Das nördliche Lager im Districte Bornwieserseite streicht fast rechtwinkelig gegen das Arnsburger Lager in hora 7 und fällt sehr steil nördlich ein. Hiernach ist es nicht unwahrscheinlich, dass beide Lager identisch sind und sich um den zwischen ihnen liegenden mächtigen Schalsteinrücken herumlegen. An der Bornwieserseite dehnen sich die Baue auf dem Lager 320 m weit aus. Das Lager ist 1 bis 4 m mächtig und bis zur Sohle des oberen Stollens abgebaut. Ein tieferer Stollen, welcher 10 m mehr Teufe einbringt, wird gegenwärtig von Osten herangebracht und ist bereits 260 m lang und 150 m im Lager aufgefahren.

Der Eisenstein ist in der Klingelkaute kalkhaltig, sonst vorwaltend kieselhaltig. Das Klingelkauter Lager setzt in südlicher Richtung bis in das angrenzende Grubenfeld Bergmannsglück (224) fort, das Bornwieser wahrscheinlich bis in die Felder Mathilde III (225) oder Johannesglück (226).

Von ähnlicher, vielleicht noch grösserer Ausdehnung ist das Eisensteinvorkommen der Grube

Heinrichssegen bei Ebringshausen (156), in welcher zwei parallele, in westlicher Richtung wahrscheinlich durch Muldenbildung verbundene Lagerzüge vorhanden sind. Der nördliche Zug enthält zwei Lager, von welchen das liegende, nach Westen aus Rotheisenstein bestehend, nach Osten aber in Brauneisenstein übergehend, 4 bis 10 m mächtig und auf circa 600 m Länge im Streichen bekannt ist, das hangende hingegen, ein reines Rotheisensteinlager, 1 bis 3 m mächtig und circa 400 m im Streichen bis an die nordöstliche Markscheide zu verfolgen ist, über welche hinaus es im Felde Venus noch circa 300 m weiter fortsetzen mag.

Der südöstliche (hangende) Lagerzug von Heinrichssegen führt ein flach nach Südosten einfallendes, 2 bis 5 m mächtiges, vorzugsweise aus Brauneisenstein bestehendes Lager, welches seither vorzugsweise im Districte Herrenacker bebaut, in neuerer Zeit aber auch in dem von Werdorf herangebrachten tiefen Stollen angegriffen worden ist. Bei dem flachen Einfallen desselben beträgt die über dem Stollen vorhandene Pfeilerhöhe über 100 m. Im Streichen ist das Lager auf circa 700 m Länge bekannt.

Das Lager der Gruben Florina (227) und Wahrer Jacob (177) bei Asslar correspondirt im Streichen ungefähr mit demjenigen der Grube Fortuna bei Berghausen, ist aber davon circa 5000 m entfernt. Man kennt das Lager von Florina in einer streichenden Länge von 320 m. Es streicht hora 6 bis 7 und fällt steil nach Süden ein. Sein Liegendes ist verwitterter Grünstein, sein Hangendes Kramenzelschiefer und Kalk. Die Mächtigkeit beträgt 2 bis 8 m, aber es sind viele Verunreinigungen durch Kiesel vorhanden. Nach Osten liegt zunächst eine durch Grünstein veranlasste Verdrückung von 120 m Länge vor, hinter welcher dann das Lager im Felde Wahrer Jacob wieder in einer Erstreckung von 80 m bekannt ist.

Nach dem Streichen der Grünsteinzüge und Gebirgsschichten würde die Eisenerzlagerstätte der alten Grube

Königsbergerwerk bei Königsberg (142) als Fortsetzung des Lagers von Florina angesehen werden können.

Zwischen beiden liegt aber ein Zwischenraum von circa 6000 m, in welchem nur Grünsteine, Kulmschiefer und Eisenkiesel auftreten. Der Bergbau bei Königsberg wird schon von Klipstein (2. Reise pag. 20 ff.) erwähnt.

Derselbe hat bereits im Jahre 1664 die Ludwigshütte bei Biedenkopf mit Eisensteinen versorgt und damals wesentlich dazu beigetragen, dass das Ausbringen derselben besser wurde. Vor 1664 wurde der Königsberger Eisenstein nach Klipstein auf einer Hütte in dem nahe gelegenen Bieberthale (bei der jetzigen Steinmühle) verschmolzen. Die Eisenerzlagerstätte von Königsbergerwerk, wie oben gesagt, eigentlich wohl ein Gang, streicht hora 8 und fällt steil nördlich ein. Ihr Liegendes ist Diabasmandelstein, ihr Hangendes Kramenzelschiefer und Kalk. Im Streichen ist dieselbe auf 500 m Länge bekannt; im westlichen Feldestheile scheint sie nicht niederzusetzen, nach Osten aber schiebt sie stark ein. Sie hat eine Mächtigkeit von 2 bis 10 m.

Die Gruben Florina und Königsbergerwerk und der dazwischen befindliche 6 km lange Raum dürften so recht den Beweis liefern, dass das Vorkommen brauchbaren, edlen Rotheisensteins im hiesigen Reviere lediglich an das Oberdevon gebunden ist. Sobald die oberdevonischen Schichten fehlen, treten im Streichen an Stelle der brauchbaren Eisensteine rothe Eisenkiesel oder wenigstens sehr kieselige, zur Zeit unverwerthbare Rotheisensteine zwischen Diabas und Kulm auf, und zwar stellenweise in bedeutender Mächtigkeit, z. B. auf der Grube Blasbacherwerk.

Ganz dieselbe Beobachtung kann man auch auf dem nordöstlichen Fortstreichen der Grube Heinrichssegen bei Ehringshausen machen, wo circa 10 km weit, bis über Hohensolms hinaus, nur Diabas und Kulm, und dazwischen häufig mächtige Eisenkiesellager vorkommen, welche bisweilen untergeordnet etwas kieseligen Rotheisenstein enthalten, z. B. auf den Gruben Venus (228), Unschuld (229), Nero (129) u. s. w.

Solche Eisenkieselablagerungen finden sich indessen auch in Gesellschaft des Oberdevons, und zwar da, wo die Schalsteine zurücktreten und durch Diabase ersetzt werden, und der Kramenzelschiefer seine frische rothe Farbe beibehalten hat, z. B. in der Umgebung des Kesselbergs, bei Ulm und Daubhausen, auf dem nordöstlichen Fortstreichen des Vorkommens der Grube Emma bei Allendorf.

In demjenigen Theile des Kreises Biedenkopf, welcher zu dem oben beschriebenen Eisensteinbezirke der Dill gehört, fehlen Schalsteine und damit auch brauchbare Rotheisensteine fast ganz, während an mächtigen Eisenkieselablagerungen z. B. bei Günterod, Wommelshausen, Dernbach, Rachelshausen, Steinperf, Eisenhausen, Dautphe, Herzhausen, Allendorf und Buchenau, durchaus kein Mangel ist. Für diese ganze Gegend ist überhaupt ein allzugrosser Reichthum an Kieselsäure charakteristisch.

Von den Brauneisensteinlagerstätten sind bis jetzt nur die manganhaltigen, dem Massenkalke aufgelagerten, in grösserem Umfange bergmännisch ausgebeutet worden. Bereits im vierten Theile dieser Arbeit ist die Art des Vorkommens beschrieben und auf die Unterschiede desselben in den verschiedenen Gegenden des Reviers aufmerksam gemacht worden. Es dürfte daher bezüglich der Lagerungsverhältnisse der wichtigeren Gruben nur noch Folgendes kurz zu bemerken sein.

A. Hauptkalkzug Fellingshausen-Braunfels.

1. **Friedberg** bei Fellingshausen (230), hier befindet sich im südlichen Feldestheile eine in die angrenzenden Felder Elisabeth (134) und Meilhard (231) übergehende, anscheinend sehr bedeutende, aber ihrer ganzen Ausdehnung nach noch nicht bekannte Mulde, deren Tiefstes unter Wasser liegt. In dem Maschinenschachte auf Friedberg ist man im Lager 15 m niedergegangen, ohne das Liegende zu erreichen. An den Rändern der Mulde beträgt die Mächtigkeit des Lagers nur 1 bis 5 m.

2. **Meilhard** bei Fellingshausen (231). Die Friedberger Mulde ist an der nördlichen Grenze des Feldes Meilhard innerhalb des letzteren 150 m lang und 80 m breit nachgewiesen. Das Lager liegt hier meistens nur 2 bis 25 m tief und ist 2 bis 8 m mächtig.

Wichtiger ist die Ablagerung im südwestlichen Theile des Feldes Meilhard, auf der linken Seite des Bieberthales. Hier ist ein Lager hochmanganhaltigen, vortrefflichen Eisensteins in einer durchschnittlich wohl 8 m betragenden, in einigen Schächten bis über 20 m steigenden Mächtigkeit meistens nur 2 bis 12 m unter Tage in einer Fläche von 400 m Länge und 60 bis 100 m Breite nachgewiesen. Weitere noch nicht genügend untersuchte, aber anscheinend bedeutende Ablagerungen befinden sich im Felde Meilhard noch an der östlichen Grenze der Grube Eleonore und im südlichen Feldestheile an der Kehlbach.

3. **Eleonore** bei Fellingshausen (132). Hier wurde bereits um 1860, früher als auf allen übrigen Gruben der Lahngegend, mulmiger, manganhaltiger Brauneisenstein für auswärtige Hüttenwerke producirt. Man führte bis vor einigen Jahren nur Betrieb in dem an der östlichen Feldesgrenze bekannten, hora 7 bis 8 streichenden, regelmässig mit 40° nördlich einfallenden und 10 bis 24 m mächtigen Lager, dessen Längenausdehnung 200 m beträgt, während sein Niedersetzen bis zu 20 m Seigerteufe unter dem 68 m Teufe einbringenden Stollen durch Bohrlöcher nachgewiesen worden ist. Südwestlich von diesem bedeutenden Mittel wurde seit 1872 das Vorhandensein des Lagers in einer Fläche von circa 500 m Länge und 40 bis 80 m Breite mit einer 2 bis 7 m betragenden, stellenweise auf 15 bis 20 m steigenden Mächtigkeit nachgewiesen.

4. **Districts-Verleihung Rodheim, Walddistrict Rimberg** (232). Hier kennt man eine Brauneisensteinablagerung von 200 m Länge, 40 bis 60 m Breite und 2 bis 10 m Mächtigkeit unter einer meistens nur 2 bis 5 m mächtigen Abraumdecke.

5. **Abendstern** bei Königsberg (102). Es befindet sich hier eine

tiefe, fast ganz mit manganhaltigem Brauneisenstein ausgefüllte Mulde im
Kalk, in welcher man bereits über 30 m niedergegangen ist, ohne das Liegende
zu erreichen.

Die Breitenausdehnung beträgt nur 40 bis 50 m und die Längenausdehnung ist noch unbekannt, da der Betrieb wegen des bekannten Processes
zwischen dem auf Eisenerze und dem auf Manganerze Berechtigten seit
Jahren ruht. Nordöstlich von Abendstern liegt die Mulde der Grube Rad-
feld (233), aus welcher in früheren Jahren (1855 bis 1870) ziemlich viel
Manganerze gefördert worden sind.

6. Beate bei Niedergirmes (234). Das hier vorhandene Lager durchsetzt das Grubenfeld in seiner ganzen circa 300 m betragenden Breite und
geht nach Osten in die Felder Braune Liesel (235) und Wilhelmsschurf (236),
nach Westen in das Feld Malapertus (237) über. Die Mächtigkeit beträgt
2 bis 6 m, die bis jetzt bekannte Breitenausdehnung circa 40 m. Der im
Felde Beate vorkommende Eisenstein enthält ausnahmsweise keinen Mulm,
sondern ist fast durchweg dicht und stufig.

7. Carolus II bei Asslar (Altenberg) (238). Die Mulde im östlichen
Feldestheile ist in einer Länge von 300 m und in einer Breite von 80 bis
100 m aufgeschlossen. Die Mächtigkeit schwankt zwischen 2 und 10 m.
Weitere, noch weniger untersuchte Mulden sind bekannt im südlichen Feldes-
theile an der Grenze der Grube Jean und in den Districten Wachheck und
Husarenlager.

8. Jean bei Altenberg (137). Die beiden Ablagerungen, welche in
diesem Felde an der südwestlichen Grenze der Grube Carolus II bekannt
sind, sind durch einen circa 80 m breiten, tauben Rücken getrennt. Die
westliche Ablagerung ist in einer Länge von circa 200 m und in einer
Breite von 40 bis 120 m nachgewiesen, die östliche, bereits grösstentheils
abgebaute, hat, soweit sie dem Felde Jean angehört, eine Länge von 180 m
und eine Breite von 30 bis 40 m. In neuerer Zeit hat man im südlichen
Feldestheile eine Mulde vortrefflichen Eisensteins 80 m weit verfolgt, welche
theilweise unter dem Spiegel der Lahn liegt und durch einen Tiefbauschacht
entwässert wird.

9. Schlagkatz bei Altenberg (239). Das Lager, auf welchem einer
der grössten Tagebaue des Reviers angelegt ist, hat eine Mächtigkeit von
10 bis 15 m und befindet sich unter einer Abraumdecke von 1 bis 18 m.
Die Längenausdehnung nach Osten ist noch nicht untersucht. Nach
Süden und Norden ist die Mulde durch den zu Tage ausgehenden Kalk begrenzt. Ihre Breite beträgt 180 m.

10. Aurora II bei Oberndorf (240). Durch den seitherigen, erst im
Jahre 1872 eröffneten Betrieb ist das Eisensteinlager in einer Fläche von
150 m Länge und 50 bis 60 m Breite 1 bis 6 m mächtig nachgewiesen
worden.

11. **Wuth** bei Burgsolms (241). Eine Mulde von 100 m Länge, 50 m Breite und 2 bis 5 m Mächtigkeit ist bereits abgebaut. Gegenwärtig ist man mit der weiteren Aufschliessung einer an der südwestlichen Feldesgrenze bekannten Ablagerung beschäftigt. Noch weitere Aufschlüsse sind in dem ganz innerhalb des Kalkzuges liegenden Grubenfelde zweifellos zu erwarten.

12. **Weidenstamm** bei Braunfels (242). Auf diesem schon seit dem Jahre 1859, aber bis 1863 nur der daselbst vorkommenden reinen Manganerze wegen betriebenen Werke kennt man neben mehreren kleineren Mulden folgende grössere:

a. die Mulde am Funde Gottlieb, 150 m lang und 40 bis 60 m breit,

b. die Mulde am Funde Wildermann, 80 m lang und 60 m breit,

c. die Mulde am Funde Weidenstamm, 110 m lang und circa 30 m breit,

d. die Mulde am Funde Jungfrau, 150 m lang und 20 bis 50 m breit,

e. die Mulde am Burgsolmser Wege, circa 200 m lang und 80 bis 90 m breit,

f. die Mulde am Funde Grossmutter, 40 m lang und 40 m breit.

Die Mulden ad a, b, c und f sind bereits grösstentheils abgebaut.

13. **Gutglück** bei Braunfels. In den Einzelfeldern Wrangel, Quäck und Fasan dieses consolidirten Werkes sind auf dem Kalk liegende Brauneisensteinmulden bekannt. Die Mulde im Felde Wrangel (243) ist 350 m lang und 60 m breit. Das Lager ist durchschnittlich wohl 10 m mächtig, jedoch häufig mit Lettenmitteln verunreinigt, so dass nur etwa die Hälfte desselben an reinem Eisensteine gefördert werden kann. Im Felde Quäck (244) kennt man 2 Mulden, von welchen die südliche, welche in das Revier Weilburg übergeht, 480 m lang und 70 m breit sein dürfte, die andere aber, welche sich vom Fundpunkte südwestlich bis zur Grenze der Grube Würgengel erstreckt, circa 200 m lang und 40 m breit ist.

Die noch nicht genügend untersuchte Mächtigkeit beträgt an einer Stelle 25 m.

14. **Würgengel** bei Braunfels (245). Diese Grube, welche stellenweise einen stufenreichen, aber im Durchschnitt nur 7 bis 9 Procent Mangan haltenden Eisenstein liefert, steht schon seit dem Jahre 1857 im Betriebe. Bisher hat man hauptsächlich in einer halbmondförmigen Mulde, welche sich um einen zu Tage anstehenden Kalkrücken legt, Betrieb geführt. Diese Mulde ist, ihrem Bogen entlang gemessen, circa 800 m lang. Ihre Breite beträgt in ihrem westlichen Theile 150 bis 200 m, im östlichen nur 100 m. Die Mächtigkeit des Lagers beträgt durchschnittlich über 6 m und steigt stellenweise über 20 m. — Südlich von jenem Kalkrücken liegt eine zweite Mulde, in welcher das Lager 6 bis 12 m mächtig durch Schürfschächte nachgewiesen ist. Man ist jetzt mit der Anlage eines Tagebaues auf dieser Mulde beschäftigt.

B. Isolirte Kalkpartie am Lahnberge bei Wetzlar.

1. **Werther bei Wetzlar (246).** Die in der östlichen Hälfte des Grubenfeldes vorhanden gewesene Mulde, welche bis auf einige unreine Mittel vollständig abgebaut ist, hatte eine Länge von 240 m und eine Breite von circa 100 m. Sie hat in den Jahren 1863 bis 1864 1 631 797 Ctr. Eisenstein geliefert, pro □ m der abgebauten Fläche 68 Ctr.

2. **Hermannszeche bei Wetzlar (247).** Im südlichen Feldestheile, im Einzelfelde Gott segne dich, ist die Mulde auf 70 m Länge und 50 m Breite bis auf die Grundwasser abgebaut und durch ein Gesenk das Niedergehen des Lagers bis zu 50 m Teufe — 24 m unter dem Wasserspiegel — nachgewiesen. Die nördliche Mulde im Einzelfelde Hermannszeche, an der nordöstlichen Markscheide der Grube Werther, ist auf 150 m Länge und 80 m Breite bekannt. In dem tiefen an der Lahn angesetzten Stollen, welcher auf das östliche Ende dieser Mulde gerichtet ist, circa 60 m Teufe einbringt und ursprünglich nur dazu bestimmt war, den tieferen Theil der Mulde im Einzelfelde Gott segne dich zu lösen, indem man annahm, dass die nördliche Mulde nicht bis zum Niveau des Stollens niedergehen werde, hat man das Lager der letzteren Mulde vor Kurzem sehr mächtig, edel und manganreich angetroffen, und es ist daher anzunehmen, dass dieselbe nach Osten noch weit fortsetzt.

C. Kalkpartie im südlichsten Theile des Reviers.

1. **Wundervoll bei Oberkleen (248).** Die Ablagerung, auf welcher vor 10 bis 15 Jahren Betrieb durch Tagebau geführt wurde, ist in einer Fläche von 80 m Länge und 50 m Breite nachgewiesen. Ihre Mächtigkeit beträgt 2 bis 8 m. Der Betrieb ruht wegen der zu grossen Entfernung von der Eisenbahn. In den Jahren 1857 bis 1869 sind 226 882 Ctr. Eisenstein gefördert worden.

2. **Eilt euch bei Oberkleen (249).** Das flach nach Norden einfallende Lager ist bis auf die Grundwasser (20 m Teufe) in einem Streifen von 110 m Länge und 50 m Breite abgebaut. Die Mächtigkeit beträgt 2 bis 6 m.

3. **Gute Hoffnung bei Oberkleen (250).** Das 4 bis 12 m mächtige Lager zieht sich an einem hora 10 streichenden, steil nach Nordosten fallenden Kalkrücken hin. Der hangende Schiefer hat ein regelmässiges Streichen von hora 4 und südöstliches Einfallen. Nach der Teufe hin legt sich der Kalk und damit das Lager flacher.

Man hat das letztere bis jetzt im Streichen 100 m weit verfolgt.

4. **Sorgenlos bei Ebersgöns (136).** Das Lager ist in einer Fläche von 120 m Länge und 60 m Breite bekannt geworden und darin auch bereits grösstentheils, meist durch Tagebau abgebaut. Die Mächtigkeit des Lagers beträgt 2 bis 6 m.

5. Friedrich Wilhelm (135) bei Ebersgöns. Hier ist eine dicht unter der Tagesoberfläche liegende, 100 m lange und 50 m breite Mulde vortrefflichen Brauneisensteins schon vor 10 und mehr Jahren durch Tagebau gewonnen worden, welcher bis zu 18 m Teufe niederging. Die Mulde hat in den Jahren 1854 bis 1865 201 901 Ctr. Eisenstein geliefert.

Einer lebhafteren Entwickelung des Bergbaues in diesem Theile des Reviers steht nur die zu grosse Entfernung von den Eisenbahnen entgegen, welche bis zu den Stationen Butzbach und Langgöns der Main-Weser-Bahn 8 bis 12 km beträgt.

VII. Uebersicht der Production, ihres Geldwerthes, der Zahl der betriebenen und nicht betriebenen Gruben, sowie der Arbeiter.

Die Zusammenstellung vollständiger statistischer Nachrichten ist bezüglich des Kreises Wetzlar nur vom Jahre 1840 an möglich. Bis dahin zurück sind nämlich nur diese Nachrichten in den Acten des ehemaligen Bergamts zu Siegen über das Immediatgebiet des Kreises aufzufinden gewesen.

Bei der dem Verfasser vor Kurzem sehr entgegenkommend gestatteten Durchsicht der Acten und Rechnungen in dem Archive zu Braunfels hat derselbe hingegen vollständige Productionsnachweisungen der im Braunfelsischen vorhandenen Hütten und Eisensteingruben, welche letztere bis 1841 nur zu dem Zwecke betrieben wurden, den Erzbedarf der Hütten zu liefern, vom Jahre 1790 an vorgefunden.

Bezüglich des Kreises Biedenkopf aber, welcher früher zum Grossherzogthum Hessen gehörte und erst nach dem Kriege von 1866 an Preussen kam, gehen die vorliegenden statistischen Nachrichten nur bis zum Jahre 1866 zurück.

Die wenigen Nachrichten über die Herrschaft Itter (Kreis Vöhl), welche von 1866 bis 1869 zum Bergreviere Wetzlar gehörte und durch Ministerial-Erlass vom 13. Januar 1870 dem Bergreviere Brilon zugetheilt wurde, dürften ganz zu übergeben sein.

In der nachfolgenden Tabelle I sind die Nachrichten über den Bergbau des Bergreviers Wetzlar so zusammengestellt worden, dass sich dieselben während der Jahre 1840 bis 1865 incl. allein auf den Kreis Wetzlar, von 1866 bis 1877 incl. auf die beiden Kreise Wetzlar und Biedenkopf beziehen.

Auch sind die wichtigeren Ergebnisse durch die angeschlossenen graphischen Darstellungen auf den Tafeln 1, 2 und 3 veranschaulicht worden.

Die älteren Nachrichten über die Production der Bergwerke und Hütten im Braunfelsischen von 1790 an befinden sich im VIII. Abschnitt.

Da bis zum Jahre 1868 die Tonne als Masseinheit für Eisensteine bei Aufstellung der statistischen Tableaus angewendet wurde, an deren Stelle 1869 der Centner als Gewichtseinheit trat, so sind der Uebersichtlichkeit wegen die Productionsmengen der Jahre 1840 bis 1868 in Centner umgerechnet, und ist dabei in Gemässheit der oberbergamtlichen Verfügung vom 3. November 1866 angenommen worden:

1 Tonne Brauneisenstein zu 6,4 Ctr.,
1 Tonne Rotheisenstein zu 8,8 Ctr.

Endlich hat Verfasser noch eine Zusammenstellung der Förderung der wichtigeren Gruben seit dem Jahre 1849 beigefügt (Tabelle II), in welcher aber die Production einzelner, im Laufe dieser Periode durch Consolidation ausgeschiedener Werke den ganzen consolidirten Werken zugeschrieben worden ist, gerade als wenn diese als solche schon von 1849 an bestanden hätten. In dieser Tabelle auf frühere Jahre zurückzugehen, war deshalb nicht möglich, weil in den Braunfelsischen Rechnungen die Productionen der einzelnen Gruben nicht angegeben sind.

Nach der Gewerbezählung am 1. December 1875 waren im Reviere Wetzlar vorhanden:

I. Eisensteinbergwerke.

Betriebene Bergwerke 78
    darunter aus mehreren Werken consolidirt 21
Unter den betriebenen Werken befanden sich nach Längenfeld vermessene 1
    und nach Geviertfeld verliehene 77
Die Oberflächenausdehnung dieser nach Geviertfeld verliehenen Werke betrug 97 054 262 □ m [1]).

1) Anmerkung. Die Zahl der gegenwärtig im Reviere vorhandenen selbstständigen Werke beträgt 1274 und die Oberflächenausdehnung derselben 1372, 689 □ km. Die letztere ist also grösser, als diejenige des ganzen Reviers, was daher kommt, dass in den Kupfer-, Blei-, Nickel- und Manganerze enthaltenden Districten bisweilen die Felder einander mehrfach überdecken. Einzelne kleinere Flächen, welche von Grubenfeldern nicht bestrickt sind, befinden sich noch bei Allendorf, Reddighausen und Berghofen im Amte Battenberg, bei Breidenstein, Wallau, Wiesenbach und Katzenbach im Amte Biedenkopf, bei Niederweidbach im Amte Gladenbach und bei Erda, Grossaltenstädten und Altenkirchen im Kreise Wetzlar. Die die Eisenerze enthaltenden Formationen des devonischen Systems sind vollständig mit Grubenfeldern bestrickt.

Zahl der gangbaren Schächte 212
und zwar:

Zweck	über- haupt.	davon mit Fahrung auf		grösste Tiefe der Schächte. m
		der Fahrt.	dem Seil.	
zur Förderung allein	47	—	—	75
„ Fahrung „	14	14	—	48
„ Förderung und Fahrung com- binirt	111	110	1	110
„ Förderung, Wasserhaltung u. Fahrung combinirt	6	6	—	42
„ Wetterführung allein . . .	34	8	—	74

Von den 78 betriebenen Werken hatten 38 Wasserlösung durch Stollen, und die grösste durch Stollen erreichte Seigerteufe betrug 115 m, während die grösste durch die Grubenbaue überhaupt erreichte Teufe unter Tage 120 m war.

Motoren waren auf den Eisensteingruben vorhanden,

1. 7 Pferde, davon im Göpel: 1; bei der Streckenförderung über Tage: 2; unter Tage: 2; und zu sonstigen Zwecken: 2.

2. Dampfmaschinen,
    a. stationäre,
        zur Wasserhaltung und Förderung: 1 über Tage zu 20 Pferde-kräften mit 2 Kesseln,
        zur Aufbereitung: 2 zu 20 + 45 = 65 Pferdekräften mit je einem Kessel,
    b. Locomobilen,
        zur Wasserhaltung und Förderung: 2, eine über und eine unter Tage, von 4 + 19 = 23 Pferdekräften, zur Aufbereitung: 1 von 10 Pferdekräften.

Arbeitsmaschinen waren vorhanden:

2 Bohrmaschinen zum Absinken von Bohrlöchern,
3 Ventilatoren zur Wetterführung,
2 Steinbrechmaschinen zur Aufbereitung,
4 Läuter- und Separationstrommeln zur Aufbereitung,
8 hydraulische, continuirlich arbeitende Setzsiebe zur Aufbereitung,
1 Sägegatter mit 2 Sägen zur Vorrichtung des Grubenholzes.

Personal:	I. Beim Bergwerksbetrieb: männlich über unter Tage.		II. Beim Aufbereitungsbetrieb: männlich.	III. Bei sonstigen Nebenarbeiten männlich.
a. Inhaber, Pächter, Geschäfts-leiter	24	—	—	—
b. Directions-, Aufsichts- und Rechnungspersonal . . .	69	29	– .	—
c. Andere { über 16 Jahre alt	412	1034	31	45
Personen { „ 14-16 „ „	16	5	6	1
{ „ 12-14 „ „	—	—	3	—
Summa . .	521	1068	40	46

Von den Personen sub c waren verheirathet 945.

II. Blei-, Kupfer-, Nickel- und Manganerz-Bergwerke.

Betriebene Bergwerke 7

    darunter aus mehreren Werken consolidirte 0

Unter den betriebenen Werken befanden sich nach Längenfeld vermessene 0

und nach Geviertfeld verliehene 7

    Die Oberflächenausdehnung dieser nach Geviertfeld verliehenen Werke betrug 14 113 515 qm.

Zahl der gangbaren Schächte 6

und zwar:

Zweck	über-haupt.	davon mit Fahrung auf der Fahrt.	grösste Tiefe der Schächte. m
zur Wasserhaltung und Förderung com-binirt	1	—	50
„ Fahrung allein	1	1	28
„ Förderung, Wasserhaltung und Fah-rung combinirt	4	4	50

Von den 7 betriebenen Werken hatten 6 Wasserlösung durch Stollen, von welchen der tiefste 90 m Seigerteufe einbrachte. Eine grössere Teufe erreichten auch die Grubenbaue nicht.

    Motoren:

      1 Wasserrad von 6 Pferdekräften zur Aufbereitung,

      3 Dampfmaschinen und zwar

        a. stationäre,

      zur Wasserhaltung und Förderung: 1 über Tage zu 6 Pferdekräften mit 1 Dampfkessel,

5

zur Aufbereitung: 1 zu 8 Pferdekräften mit 1 Dampfkessel,
> b. Locomobilen,

zur Wasserhaltung: 1 über Tage von 6 Pferdekräften.

Arbeitsmaschinen waren vorhanden:

- 2 Ventilatoren zur Wetterführung,
- 1 Feinwalzwerk zur Aufbereitung,
- 2 Läuter- und Separationstrommeln desgl.,
- 2 Spitzkasten-Apparate desgl.,
- 4 hydraulische, continuirlich wirkende Setzsiebe,
- 7 desgl., nicht continuirlich wirkende,
- 1 rotirender Heerd.

Montanstatistische Nachrichten über das

Jahr	Brauneisenstein: Förderung Ctr.	Brauneisenstein: Werth M.	Rotheisenstein: Förderung Ctr.	Rotheisenstein: Werth M.	Summa Eisenstein: betriebene Bergw.	Summa Eisenstein: nicht betriebene Bergw.	Summa Eisenstein: Förderung Ctr.	Summa Eisenstein: Werth M.	Kupfer- betriebene Bergw.	Kupfer- nicht betriebene Bergw.	Kupfer- Förderung Ctr.
1840	1096	289	324488	72140	34		325584	72429	—	—	—
1841	987	252	264006	78784	36		264993	70036	—	—	—
1842	2366	554	224457	51028	37		226823	51582	—	—	—
1843	2696	632	174174	39485	35		176870	40117	—	—	—
1844	835	196	54695	12430	22	13	55530	12626	—	—	—
1845	1952	457	102180	23097	18	13	104132	23554	—	—	—
1846	2920	684	214842	48825	24	9	217762	49509	—	—	—
1847	890	208	220276	50061	20	10	221166	50269	—	—	—
1848	—	—	129391	27952	15	15	129391	27952	—	—	—
1849	—	—	139702	34200	15	25	139702	34200	—	—	—
1850	—	—	240044	58615	27	48	240044	58615	—	—	—
1851	—	—	266429	61864	34	71	266429	61864	1	—	—
1852	179	42	469154	107820	18	94	469333	107862	1	—	20
1853	—	—	801038	184218	62	109	801038	184218	1	—	—
1854	40512	9504	1132604	282057	59	132	1173116	291561	—	1	—
1855	5651	1323	969179	222630	59	165	974830	223953	—	1	—
1856	22694	5292	1145346	270207	54	209	1168040	275499	—	1	—
1857	57715	13797	1549645	340653	54	249	1607360	354450	—	1	—
1858	34182	11538	1088129	351963	110	249	1122311	363501	—	1	—
1859	33715	10536	746442	209478	73	299	780157	220014	—	1	—
1860	54496	14634	867152	218394	68	383	921648	233028	—	1	—
1861	188973	49428	1191238	308025	82	400	1380211	357453	—	3	—
1862	390624	102138	1326028	339990	78	396	1716652	442128	1	2	—

Personal:	I. Beim Bergwerksbetrieb: männlich über Tage.	unter Tage.	II. Beim Aufbereitungsbetrieb: männlich.
a. Inhaber, Pächter, Geschäftsleiter . . .	2	—	—
b. Directions-, Aufsichts- und Rechnungspersonal	4	2	—
c. Andere Personen { über 16 Jahre alt .	8	67	12
„ 14-16 „ „ .	—	—	2
Summa . .	14	69	14

Von den Personen sub c waren 65 verheirathet.

Tabelle I.

Bergrevier Wetzlar von 1840 bis 1877.

...erze: Werth M.	Nickelerze: betriebene Bergw.	nicht betriebene Bergw.	Förderung Ctr.	Werth M.	Manganerze: betriebene Bergw.	nicht betriebene Bergw.	Förderung Ctr.	Werth M.	Summa: betriebene Bergw.	nicht betriebene Bergw.	Werth der Förderung M.	Mittlere Belegschaft Köpfe.	Von Arbeit ernährte Angeh. Köpfe.
—	—	—	—	—	—	—	—	—	34		72429	142	406
—	—	—	—	—	—	—	—	—	36		79036	140	404
—	—	—	—	—	—	—	—	—	37		51582	135	376
—	—	—	—	—	—	—	—	—	35		40117	101	292
—	—	—	—	—	—	—	—	—	22	13	12626	48	179
—	—	—	—	—	—	—	—	—	18	15	23554	68	251
—	—	—	—	—	—	—	—	—	24	9	49509	195	372
—	—	—	—	—	—	—	—	—	20	10	50269	115	303
—	—	—	—	—	—	—	—	—	15	15	27952	101	249
—	—	—	—	—	—	—	—	—	15	25	34200	130	267
—	—	—	—	—	—	—	—	—	27	48	58615	227	537
—	—	—	—	—	—	—	—	—	36	71	61864	258	544
231	—	—	—	—	—	3	—	—	50	94	108093	448	872
—	—	—	—	—	—	6	—	—	64	115	184218	636	941
—	—	—	—	—	—	7	—	—	60	140	291561	802	1098
—	—	—	—	—	2	6	2676	2676	62	172	226629	656	902
—	—	—	—	—	—	10	—	—	54	221	275499	819	1288
—	—	—	—	—	—	7	—	—	54	258	354450	993	1793
—	—	—	—	—	2	5	1150	2301	112	256	365802	700	1169
—	—	—	—	—	3	8	12868	38604	76	310	258618	606	1239
—	—	—	—	—	6	19	31627	78669	74	405	311697	663	1288
—	—	—	—	—	2	23	28930	63570	85	428	421073	831	1537
—	—	—	—	—	3	25	28302	61884	82	426	504012	1001	1702

Jahr	Brauneisenstein:		Rotheisenstein:		Summa Eisenstein:				Kupfer-		
	Förderung	Werth	Förderung	Werth	betriebene	nicht betriebene	Förderung	Werth	betriebene	nicht betriebene	Förderung
	Ctr.	M.	Ctr.	M.	Bergw.		Ctr.	M.	Bergw.		Ctr.
1863	450950	147738	1645327	468006	73	412	2096277	615744	1	2	180
1864	663443	235953	1524926	576228	67	417	2188369	812181	—	3	—
1865	1212350	392541	2652829	1192080	85	404	3865179	1584621	—	3	—
1866	1179446	391515	2960000	1295979	101	598	4139446	1687494	1	22	1010
1867	1169158	325221	2959756	1153170	94	638	4128914	1478391	4	26	345
1868	985459	281163	2758087	1069215	85	725	3743546	1350378	4	38	288
1869	1592058	485499	2763702	1091232	91	747	4355760	1576731	2	56	—
1870	1787756	543015	2923570	1404966	82	760	4711326	1947981	2	63	—
1871	2084317	905781	3745620	2037153	89	795	5829937	2942934	—	74	146
1872	2892873	1255005	4018841	2305296	105	792	6911714	3560301	2	75	947
1873	2503564	1087638	3534125	2029857	113	804	6037689	3117495	2	78	208
1874	1074200	354816	3137467	1350929	88	894	4211667	1705745	3	85	—
1875	1362730	420553	3103078	1294796	81	918	4465808	1715349	2	91	693
1876	1973403	525452	2902272	1074325	62	937	4875675	1599777	2	96	—
1877	2176865	613439	3144038	1145880	54	951	5320903	1759319	2	93	99

Bemerkungen. Ausser den hier aufgeführten Bergwerken sind im Jahre 1877 noch vorhanden gewesen:

1 Braunkohlengrube im Kreise Wetzlar, welche nur während der Jahre 1866 und 1867, jedoch ohne Förderung, betrieben wurde.

5 Zinkerzgruben, wovon 3 im Kreise Wetzlar und 2 im Kreise Biedenkopf gelegen, keine aber bisher im Betrieb stand.

4 Silbererzgruben im Kreise Biedenkopf, von welchen 1 im Jahre 1866 betrieben wurde und 23 Ctr. Silbererze im Werth von 138 Mark geliefert hat.

1 bisher nicht betriebene Quecksilbergrube im Kreise Wetzlar.

erze:	Nickelerze:				Manganerze:				Summa:			Mittlere Belegschaft überh.	Von Arbeit. ernährte Angeh.
Werth	betriebene	nicht betriebene	Förderung	Werth	betriebene	nicht betriebene	Förderung	Werth	betriebene	nicht betriebene	Werth		
M.	Bergw.		Ctr.	M.	Bergw.		Ctr.	M.	Bergw.		M.	Köpfe.	Köpfe.
450	—	—	—	—	3	23	1420	3123	77	440	619317	1116	1913
—	—	—	—	—	3	25	8338	16176	70	448	828357	1191	2206
—	—	—	—	—	2	21	6612	12441	87	431	1597062	1670	2778
543	1	4	—	—	4	48	11676	46701	110	685	1735014	1882	3323
1230	1	4	—	—	6	46	18689	70605	106	725	1550244	1881	3317
1287	—	6	—	—	7	48	17946	67635	96	833	1419336	1837	3241
—	—	9	—	—	4	53	12105	47853	97	884	1624584	1895	3611
—	—	9	—	—	2	57	5847	20466	86	911	1968447	1819	3323
438	—	10	—	—	—	60	8607	27861	90	964	2971842	2133	4219
2841	—	12	—	—	2	63	19684¹)	14652	109	967	3577794	2321	4738
624	—	13	—	—	—	74	3991	9735	116	995	3129474	2208	4527
—	2	13	5907	5907	2	77	308	689	97	1113	1712311	1770	3518
1745	2	21	4052	4052	1	80	3280	3372	87	1164	1725976	1650	3668
—	1	22	7043	28172	1	85	3315	11060	67	1196	1639009	1592	3693
30	1	30	4341	13023	1	85	4888	10950	54	1221	1783322	1580	3634

30 Schwefelkiesgruben, wovon 14 im Keise Wetzlar und 16 im Kreise Biedenkopf gelegen sind. Von ersteren war nur 1 in den Jahren 1873 und 1874 im Betrieb und lieferte 1873: 1800 Ctr. Schwefelkies im Werth von 1620 Mark; von letzteren war nur 1 im Jahre 1874 aber ohne Produktion im Betrieb.

1) In dem Quantum von 19684 Ctr. Manganerzen sind 17900 Ctr. an Mangansuperoxyd geringhaltige, aber eisenreiche Manganerze enthalten, welche beim Hohofenprocess verschmolzen worden sind; es erklärt sich hierdurch der verhältnissmässig niedrige Gesammtwerth der Manganerzförderung des Jahres 1872. In den graphischen Darstellungen ist nur der nach Ausscheidung dieser 17900 Ctr. verbleibende Rest von 1784 Ctr. hochprocentiger Manganerze im Werth von 7134 Mark aufgetragen worden.

Tabelle II.

Nachweisung der Förderung der wichtigeren Eisensteingruben des Bergreviers Wetzlar von den Jahren 1849 bis 1877.

Nr.	Namen der Gruben.	seit	Die Förderung betrug Ctr.	Nr.	Namen der Gruben.	seit	Die Förderung betrug Ctr.
1	Heinrichssegen	1849	4369462	15	Amanda	1864	1750552
2	Maria	1849	3657923	16	Uranus	1852	1747125
3	Raab	1849	3444750	17	Meilhard	1866	1662860
4	Eleonore	1866	3362248	18	Werther	1854	1631797
5	Prinz Bernhard	1855	3250587	19	Hermannszeche	1852	1593960
6	Ottilie	1850	3068621	20	Fortuna b. Altenberg	1849	1571887
7	Würgengel	1857	3002266	21	Martha	1853	1516311
8	Schlagkatz	1862	2849848	22	Jean	1855	1505412
9	Gutglück	1852	2760661	23	Emma	1850	1494730
10	Oberndorferzug	1852	2686810	24	Ferdinand	1852	1494024
11	Philippswonne	1849	2609313	25	Apollo	1858	1167868
12	Prinz Alexander	1852	1995647	26	Florina	1850	1053442
13	Juno	1850	1862734	27	Engelsburg	1853	919296
14	Carolus II	1861	1766797	28	Hugo	1853	909809

Ueber den **Dachschieferbau** liegen folgende statistischen Nachrichten vor:

Jahr.	Förderung m	Geldwerth M.	unter Tage.	über Tage männl. Arbeiter.	darunter jugendl.	weibl. Arbeiter.	überhaupt Personen.	Von den Arbeitern ernährte Angehör.
1872	4812	10281	8	25	3	—	33	68
1873	4435	12156	2	20	2	—	22	55
1874	7027	21081	1	34	2	—	35	87
1875	4592	13776	—	23	1	—	23	59
1876	6653	19959	—	25	4	—	25	72
1877	9197	28511	—	54	8	—	54	128

und über den **Phosphoritbergbau** folgende:

Jahr.	Förderung Ctr.	Geldwerth M.	unter Tage.	über Tage männl. Arbeiter.	darunter jugendl.	weibl. Arbeiter.	überhaupt Personen.	Von den Arbeitern ernährte Angehör.
1872	37050	46860	23	11	2	4	38	89
1873	19580	23496	10	4	1	—	14	50
1874	13094	13094	13	2	1	—	15	42
1875	10204	10204	11	—	—	—	11	36
1876	1900	1900	—	3	—	—	3	9
1877	3780	4460	17	—	—	—	17	41

VIII. Nachrichten über den früheren Bergbau und Hüttenbetrieb.

Ausser den im III. und IV. Theile dieser Arbeit enthaltenen, grössten-theils aus Klipstein (Verzeichniss der Ausarbeitungen Nr. 3, 4 und 5) ent-nommenen historischen Notizen über den früheren Bergbau des Reviers dürften noch folgende Nachrichten über denselben und den damit in Verbin-dung stehenden Hüttenbetrieb Erwähnung verdienen:

Die älteste bekannte Nachricht über den höchst wahrscheinlich aus der Römerzeit übrig gebliebenen Eisensteinbergbau der Umgegend von Wetzlar befindet sich im Lorscher Codex p. 3701. Dieselbe lautet: Sub rege Carolo et abbate Helmerico dedit in pago Logenehe in marca Wannendorf Adelolt tertiam partem de sua mina ad faciendum ferrum.

Hiernach schenkte also ein gewisser Adelolt dem Kloster Lorsch um das Jahr 780 (der Abt Helmericus regierte nämlich von 780 bis 785) den dritten Theil seiner Eisensteingrube in der Gemarkung Wannendorf im Lahn-gau. Der Ort Wannendorf, welcher nicht mehr vorhanden ist, gehörte zur Wetzlarer Stadttterminei und seine Mark erstrekte sich zu beiden Seiten des Wetzbaches von Wetzlar bis Oberwetz. Die hier erwähnte Grube hat wahr-scheinlich im Grubenfelde Juno bei Nauborn gelegen, in welchem Reste von altem Bergbau bekannt sind.

Es liegen unzweifelhafte Zeugnisse dafür, dass in jenen alten Zeiten in der Gegend von Wetzlar die Rennarbeit schon in ausgedehntem Maasse be-trieben worden ist, in den noch vorhandenen Resten der Schmelzstätten vor. Man kennt nämlich im hiesigen Reviere bereits gegen sechzig Lokalitäten, und manche werden wahrscheinlich noch aufgefunden werden, an welchen sich mit Dammerde, verwestem Laube und Graswuchs bedeckte Anhäufungen von scharfkantigen, eigrossen Rotheisensteinbrocken und von sehr eisenreichen Schlacken dicht beieinander befinden. Die Eisensteinbrocken tragen die Spuren einer sorgfältigen Scheidung und sind immer von vorzüglicher Qualität. Diese Anhäufungen befinden sich nicht selten in beträchtlicher Entfernung von den Rotheisensteinlagerzügen, z. B. bei Dreisbach, bei Greifenstein, am Fürstkopf bei Oberwetz, bei Ebersgöns, bei Schwalbach, am Dünstberge, bei Franken-bach, an der Mittelhardt zwischen Biedenkopf und Breidenbach u. s. w. Am Rossberge bei Braunfels, im Grubenfelde Ottilie, befindet sich auf einer sol-chen Anhäufung der fast verweste Stumpf einer kolossalen Eiche, deren Wurzeln dieselbe durchdringen. Es müssen also nicht wenige Jahrhunderte, vielleicht mehr als ein Jahrtausend vergangen sein, seitdem der Betrieb der hier vorhanden gewesenen Schmelzstätte eingestellt worden ist.

Den alten Rennarbeitern verdankt höchst wahrscheinlich die in Wetz-lar sehr verbreitete Familie Waldschmidt, ein Name, der in anderen Gegen-den fast gar nicht vorkommt, ihren Ursprung. Nach von Ulmenstein, Geschichte und topographische Beschreibung der Stadt Wetzlar · T. 1 p. 335, kommt ein Arnold Waldsmit schon in einer Urkunde vom Jahre 1299 vor.

In dem Iserthale bei Braunfels, in der Umgegend von Möttau, muss bereits im 12. Jahrhundert die Eisenfabrikation bedeutend gewesen sein. Nach den Zinsregistern der Abtei Fulda hatten im Jahre 1150 22 Bauern von Möttau einen Naturalzins von je 50 Schirbeln Eisen (frusta ferri) zu liefern. Ausserdem gaben noch 4 Hufen je 10 und 3 Hufen je 30 Schirbeln Zins. Es ist bemerkenswerth, dass in jenen Zinsregistern ein solcher Eisenzins weiter nicht aufzufinden ist. Ob aus demselben gefolgert werden kann, dass die Aebte zu Fulda in jener Zeit Inhaber des Bergregals in der Umgegend von Möttau gewesen seien, überlässt Verfasser der Beurtheilung der Bergrechtsgelehrten [1]).

Dass der Eisenhandel der Stadt Wetzlar im dreizehnten Jahrhundert bedeutend war, beweist die im Stadtarchive befindliche Urkunde vom 26. August 1277, nach welcher die Bürger von Wetzlar, welche mit ihren Eisenwaaren die Frankfurter Messe besuchten, einen nur mässigen Zoll bezahlen sollten. Diese Urkunde lautet im Urtexte:

„Nos Henricus scultetus, scabini, consules et universi cives Frankenvordenses ad universorum praesentium et futurorum noticiam cupimus pervenire, quod nos cupientes dubitationis et ambignitatis scrupulum, qui singulis annis super dando Thelonio oriebatur, per scripta litterarum nostrarum publica extirpare. Dicimus, quod dilectorum et specialium amicorum nostrorum civium Wetphlariensium currus ferro onerati, in Nundinis, videlicet in foro annuali Frankenfort, dabunt pro Thelonio, quilibet curruum pro se, duos leves denarios. Extra vero Nundinas quilibet praedictorum civium currus solvet pro Thelonio unum denarium levem. Et si praefati cives Wetphlarienses ferrum suum in Nundinis, in civitate Frankenvordensi vendiderint vel extra civitatem deduxerint, quodlibet centum ferri solvet pro Thelonio denarium levem. Extra vero Nundinas quodlibet centum ferri, si in civitate Frankenvordensi venditur, vel extra civitatem deducitur, solvet pro Thelonio obulum levem. In cujus rei evidentiam sigillum nostrum presentibus litteris duximus appendendum. Actum et datum anno domini Mill. C. C. LXXVII. VII. Cal. Septembr."

L. S.

(Siegel der Stadt Frankfurt (vortrefflich erhalten).)

und in wörtlicher Uebersetzung:

„Wir Schultheiss Heinrich, Schöffen, Consuln und sämmtliche Bürger der Stadt Frankfurt wünschen, dass zur Kenntniss aller jetzt und in Zukunft Lebenden gelange, dass wir beabsichtigen, den Zweifel und die Unklarheit, welche wegen des jährlichen Zolles entstanden sind, durch Zeugniss dieses

---

1) Nach Dr. Becker (Zeitschrift für Bergrecht XVIII. 418) waren die Aebte von Fulda um 912 im Besitze von Möttau, nicht blos im Besitze von dort fallenden Zinsen.

unseres Briefes zu beseitigen. Wir erklären, dass die mit Eisen beladenen Wagen unserer lieben und besonderen Freunde, der Bürger zu Wetzlar, während der Messe, nämlich während des jährlichen Marktes zu Frankfurt[1]), an Zoll zwei leichte Denare für jeden Wagen geben sollen. Ausser der Messe soll dagegen jeder Wagen der vorgenannten Bürger einen Denar zahlen. Und wenn besagte Wetzlarer Bürger ihr Eisen auf der Messe in der Stadt Frankfurt verkauft haben oder aus der Stadt wegführen, so soll jeder Centner Eisen mit einem leichten Denar verzollt werden. Ausser der Messe aber soll jeder Centner Eisen, welchen sie in der Stadt Frankfurt verkaufen oder aus derselben wegführen, einen leichten Obolus als Zoll geben.

Zum Zeugniss desselben haben wir unser Siegel an diesen Brief gehangen. Geschehen und gegeben am 26. August im Jahre des Herrn 1277."

v. Ulmenstein erwähnt in seinem genannten Werke, welches sonst an Citaten sehr reich ist, diese wichtige Urkunde nicht.

In einer im Marienstiftsarchive zu Wetzlar befindlichen Urkunde vom Jahre 1316 wird die Ertzgrube hinter dem Calsmunt (ager super fovea quae dicitur Ertzgrube prope Calsmunt) im Jahre 1344 der Isinberg zwischen Wetzlar und Garbenheim (jetzt Grube Philippswonne) und im Jahre 1298 der Smiedegrund erwähnt.

An die Sendschöffen des Marienstifts wurden nach einer in dessen Archive befindlichen Nachricht im Jahre 1497 von Waldschmieden Abgaben entrichtet. Diese Schmieden lagen bei den Ortschaften Oberndorf juxta Cleberg, (Brandoberndorf, Oberndorf bei Braunfels wird in alten Urkunden Niederoberndorf genannt), Crafft-Solms und Loneberg (Löhnberg), so wie bei einer Mühle infra silve-fabricam, deren Lage nicht näher bezeichnet ist.

Die Namen der Schmidtgasse, der Pfannenstielgasse und des Eisenmarkts zu Wetzlar deuten ebenfalls darauf hin, dass früher hier die Eisengewerbe und der Eisenhandel stark betrieben worden sind. Die Pfannenstielgasse, welche früher Pfannenschmiedgasse (Panninsmiedegasse) genannt wurde, kommt bereits in einer Urkunde vom Jahre 1322 vor und wird auch in Urkunden von 1347, 1348 und 1350 erwähnt.

Der Eisenmarkt (forum ferri) wird in Urkunden von 1262, 1314 und 1347 genannt.

v. Ulmenstein, der sonst keine Ahnung davon gehabt zu haben scheint, dass lange vor seiner Zeit (sein Werk erschien in den Jahren 1802 bis 1810) eine Production von Eisen aus Erzen in der Gegend von Wetzlar stattgefunden hat, erwähnt (T. I. p. 264), dass in der zweiten Hälfte des 14. Jahrhunderts die Zahl der Schmiede in Wetzlar beträchtlich gewesen sei, und theilt die Zunftordnung derselben vom 21. September 1361 mit, welche vom Kaiser Carl IV. am St. Valentinstage des Jahres 1362 zu Nürnberg bestätigt

---

[1) Frankfurt hatte damals nur Eine Messe jährlich.

wurde. Er sagt ferner (T. III. p. 56), dass der Eisenmarkt ohne Zweifel seinen Namen von den vielen Läden habe, in denen in älterer Zeit hier Eisenwaaren zum Verkaufe ausgelegt gewesen seien, will aber den Namen Schmidtgasse (T. III. p. 110) von den vielen Kupferschmieden herleiten, welche in älterer Zeit in derselben gewohnt hätten.

Ueber den Ursprung des Namens der Pfannenstielgasse spricht sich v. Ulmenstein nicht aus, erwähnt dieselbe aber T. III. p. 61.

Ferner besitzt das städtische Archiv eine von dem Vogt und dem Bürgermeister und Rath der Stadt Wetzlar ertheilte Belehnungsurkunde vom 31. August 1563, welche für die Beurtheilung des damaligen Rechtszustandes besondere Wichtigkeit hat. Das in derselben bezeichnete Eisensteinbergwerk am Rodenberg lag südlich von Wetzlar, in der Nähe der Nauborner Gemarkungsgrenze, etwa da, wo jetzt die Felder der Eisensteinbergwerke Louis und Prinzessin Louise an einander grenzen. Nachkommen des Vogtes Schenck zu Schweinsberg leben noch jetzt zu Hermannstein bei Wetzlar. Die Urkunde lautet wortgetreu wie folgt:

„Ich Herman Rudolf Schenck zue Schweinsbergk etc. des Durchleuchtigen Hochgebornen Fürsten undt Hern Hern Philipsen Lantgrafen zue Hessen, Grafen zue Catzenelbogen, Dietz, Zigenhein und Nidda und meines gnedigen Fürsten undt Hern, verordenter Vogt, der Stadt Wetzflar, ahn einem, und wier Burgermeister undt Rath obgedachter Stadt Wetzflar andern Theils, thuen kundt vor Jedermeniglich In diesem Brief, hiemitt offentlich bekennente, dass vor uns erschienen Christofel Röder aus dem Jochimsthal, sampt seiner gesellschafft undt umb verleihung des Eisensteins, uff dem Rodenbergk so uff das Hauss Kalschmitt gehorigk, angesucht. Uff welche biettlich ansuchen, wier vorgenanten Herman Rudolf Schenck beynebenst einem Ersamen Rath, Inen Nachvolgende belehnungk, und verleyhe gethan, also undt dergestalt, das genanter Christofel sampt desen gesellschafft, solchen Eisenstein uff dem Rodenbergk so uff das Haus Kalschmidt gehorigk, nuen hinforder neun Jar, nach Irem besten wolgefallen gebrauchen soll, undt mach, alles sonder schaden, anderer bey undt neben ligenden burgerlichen gutern, doch mitt dieser bescheidenheitt, und ausdrucklichem vorbehalt, dass sie uns von allem erarbten Eisenstein die zebende wag Eisen geben, undt uff das Rathhauss Wetzflar sonder einige beschwerung liebern sollen, undt wollen. Ihm vals aber, das gedachter Christofel, mitt seiner gesellschafft, mehr Eisenstein wurdte erlangen, dan sie selbst schmiden, und zue Eisen machen wurden, sollen sie alsdan den zehenden pfennigk, was In der Eisenstein gelten wirtt, unverzüglich einem Ersamen Rath erlegen undt zustellen, Welch eisen undt gelt, wie es zue zehenden erlegt wirtt, beider Herschafft zue guetem kommen soll, Desen soll kein Eisenstein, sonder eines Ersamen Rats vorwiessen verkaufft werden. Do aber einiger ufsaitz darin erfunden, sollen sie sich, solcher beschenen leibe selbst enteusern, undt entsetz haben, Wurde auch durch versehung Gottes, ander Metall, wie es auch Namen haben mög, befunden, soll In dieser leihe nichts beschrieben sein, Sondern umb neue verleyhung oder belenung derhalb bei obgeschriebene Lehenherren angesucht werden. Mitt fernerem vorbehalt, wo Burger der Stadt Wetzflar weren, die bey solchem Eisenbergwergk mitt anstehen wöllen, sollen sie gegen erlehung geburente unkostens, was zue Irem theil erdragendt, unweigerlich angenommen, undt zuegelasen werden, undt soll solch Eisenbergwergk nach ausganck der Neun Jar, widerumb frey ledigk und loss stehen. Dessen wöllen wier In geburlichen schutz undt schirm, auch was muglich undt sich thuen lasen wiell, beforderung leisten, alles sonder geverde.

Des zue warhafftiger bekentnuss, hab Ich obbedachter Herman Rudolf Schenck etc. mein gewönlich Insigel, beynebenst eines Ersamen Raths secret, wiessentlich thuen hencken. Gescheen den letzten August Ihm Jahr nach Christi geburtt, ein tausent fünff hundertt Sechszigk trey."

(L. S.)

Der in dieser Urkunde genannte Christofel Röder aus dem Jochimsthal war nebst seinem Genossen wahrscheinlich durch die Hussiten aus der alten Bergstadt Joachimsthal in Böhmen vertrieben worden. Dass das Eisensteinbergwerk, auf welches sich die Urkunde bezieht, damals längere Zeit hindurch in Betrieb gewesen sein muss, lässt sich daraus schliessen, dass nach einer Aufzeichnung im Stadtarchiv der Rentmeister der Stadt Wetzlar, Cunrad Girs, im Jahre 1589 von zwei Oefen 17 Gulden an Zehnten des Eisensteins vom Rodenberg und bei Calsmunt empfangen hat.

Es scheint, dass die frühere Blütheperiode der Wetzlarer Eisenindustrie mit dem dreissigjährigen Kriege ihr Ende erreicht hat. Unter der Bevölkerung Wetzlars ist auch nicht die Spur einer Erinnerung an dieselbe zurückgeblieben. So ist es auch allein erklärlich, dass v. Ulmenstein in seinem sonst mit grossem Fleisse geschriebenen Werke die von den Landesangehörigen längst vergessene Blüthe der Eisenindustrie mit keinem Worte erwähnt.

Erwähnenswerth ist auch noch, dass im Stadtarchive zu Wetzlar der Entwurf einer Belehnung an den Berggeschworenen Peter Hellwig zu Cleberg mit einer Grube am Schwefelbrunnen vom Jahre 1735 vorhanden ist. Ein Mineral ist in diesem Entwurfe nicht als Gegenstand der Belebnung bezeichnet. In der Nähe des sogenannten Schwefelbrunnens, südlich von Wetzlar, setzt ein Quarzgang im Kulmschiefer auf, welcher Schwefelkies eingesprengt enthält und muthmasslich bearbeitet worden ist. Die Spuren von altem Bergbau auf diesem Gange sind nur sehr unbedeutend. Man scheint sich aber von dem Werke viel versprochen zu haben, denn es wird in der Urkunde die Einsetzung eines Bergamts in Wetzlar in Aussicht genommen.

Aus dem Archive zu Braunfels, dessen Durchsicht dem Verfasser von der Fürstlichen Rentkammer vor Kurzem freundlichst gestattet worden ist, sind noch folgende Nachrichten mitzutheilen:

Im Jahre 1679, unter dem Grafen Heinrich Trajectinus, welcher holländischer und englischer General der Infanterie war und in der Schlacht bei Neerwinden am 19. Juli 1693 fiel, brannte das Schloss Braunfels mit dem Archive und einem Theile der Stadt ab. Aeltere Original-Urkunden sind demnach nicht mehr vorhanden.

Glücklicherweise waren aber bei der Landestheilung im Jahre 1602 Abschriften der Haupturkunden in sechs Foliobänden für die hungensche Linie angefertigt worden, welche später, nachdem diese Linie ausgestorben und die Grafschaft Hungen wieder mit Braunfels vereinigt worden war, in das Archiv zu Braunfels zurückgebracht worden sind.

Die ältesten vom Bergbau handelnden Urkunden aus den Jahren 1495, 1507 und 1559, erstere beide von dem Kaiser Maximilian I., letztere vom Kaiser Ferdinand I. ausgefertigt, welche den Grafen das Privilegium zur Aufsuchung, Gewinnung und Nutzung der Erze unter Oberlehensherrlichkeit des deutschen Kaisers zugestehen, sind daher nur noch in Abschriften im Archive vorhanden.

Dass dieses Privilegium aber später so verstanden worden ist, als ob den Grafen dadurch das Hoheitsrecht der Bergwerksverleihung zugestanden worden sei, ergiebt sich unter andern aus den Verleihungsurkunden des Grafen Wilhelm Moritz (1693—1724) vom 3. Februar 1722 und des Grafen Friedrich Wilhelm (1724—1761) vom 6. August 1731, von welchen die erstere alle in den Grafschaften Solms-Braunfels und Greifenstein befindlichen Bergarten, Erze, Steinkohlen und Salzquellen umfasst, und die letztere hauptsächlich die alten Kupfererzbergwerke bei Daubhausen und Berghausen zum Gegenstande hat.

Dass das Eisengewerbe schon im siebenzehnten Jahrhundert in der Standesherrschaft Solms-Braunfels geblüht hat, ist ebenfalls durch Urkunden nachgewiesen.

Durch Decret vom 28. Februar 1688 verbietet Heinrich Graf zu Solms (Heinrich Trajectin) die Einfuhr von Stabeisen und Pflugschaaren in die Aemter Braunfels, Gambach und Langsdorf, weil diese Produkte daselbst ebenso billig und gut hergestellt würden.

Langsdorf liegt im Gebiete der beim Basalte vorkommenden Brauneisensteine des Vogelsberges, und es dürfte somit das Decret von 1688 beweisen, dass die erst seit etwa zehn Jahren allgemeiner bekannt gewordenen Vogelsberger Brauneisensteine schon damals Verwendung gefunden haben. An Spuren von älterem Bergbau fehlt es in der bezeichneten Gegend auch nicht. Im Jahre 1726 verbietet der Graf Friedrich Wilhelm, unter welchem das Haus Solms-Braunfels vom Kaiser Carl VII. als ein Zweig des salisch-fränkischen Herzogengeschlechts laut Urkunde vom 22. Mai 1742 zur Reichsfürstenwürde erhoben wurde, das Hausiren fremder Handelsleute mit Eisen, Stahl, Nägeln und dergl. Die Hausirer sollen ausgewiesen und im zweiten

Betretungsfalle mit dem Verluste der Waare und nach Befinden mit einer Geldbusse bestraft werden.

Die Oberndorfer Hütte und der Brückenhammer bei Leun bestanden schon lange vor 1696, denn es sind aus diesem Jahre noch Rechnungen über bauliche Reparaturen dieser Werke vorhanden.

Im Jahre 1710 werden auf Befehl des Grafen Wilhelm Moritz, welcher auf seinen Reisen auch Steiermark besucht und die dortigen Sensen-, Sichel-, und Stahlfabriken kennen gelernt hatte, Grundstücke zum Hüttengraben der Oberndorfer Hütte erworben. 1715 berichtet ein gewisser Strassheim an den Grafen, dass auf dem Biskirchener Hammer das Hammergerüst und der Balgenstuhl schadhaft sei.

Vom Jahre 1706 sind Vorschläge über Verbesserung des Drahtzugs zu Asslar vorhanden. Der Drahtzug zu Oberndorf wird schon 1702 erwähnt.

Zu Ehringshausen bestand 1725 wie zu Asslar ein Drahtzug und ein Zainhammer.

Aus dem Jahre 1710 sind Rechnungen über die Hüttenwerke bei Oberndorf und Bissenberg vorhanden.

1723 werden die Hüttenwerke an Theobald Treib auf sechs Jahre verpachtet. Der Pächter darf sich den Eisenstein im Lande suchen und brechen, wo er will. Er erhält jährlich 4000 Klaftern Holz unentgeltlich geliefert, wovon er nichts ausführen darf, und muss an Pacht jährlich 4500 fl. zahlen.

Aus dem Jahre 1731 ist eine Rechnung der Ehringshäuser Schmelze vorhanden. Am 17. Mai wurde der Ofen gefüllt und am 20. Mai zum erstenmal abgestochen. Die Masselnrechnung ist theilweise zerrissen, aber es ist aus derselben zu ersehen, dass täglich im Durchschnitt circa 1000 Pfund Masseln producirt worden sind. Der Ehringshäuser Hammer producirte 1731: 913 Wag 54 Pfund (1 Wag = 120 Pfund).

Auch zu Werdorf bestand 1731 ein Hammer, welcher in diesem Jahre 1191 Wag 80 Pfund Stabeisen fabricirt hat.

Das Stabeisen von Werdorf und Ehringshausen wurde an einheimische Schmiede debitirt, wie die vorhandenen Rechnungen beweisen.

Um die Mitte des vorigen Jahrhunderts sind die Hütten in Verfall gerathen.

Die Verhandlungen über die Wiederherstellung derselben beginnen 1749 und schleppen sich bis 1772 hin. In einem Berichte des Landrentmeisters Diesterweg vom 15. Februar 1772 werden noch die ehedem vorhanden gewesenen Eisenwerke zu Asslar, Werdorf, Ehringshausen, Bissenberg und Nieder-Oberndorf erwähnt, wobei Diesterweg bemerkt, dass in Asslar nur noch alte Arbeiterwohnungen vorhanden seien, in Bissenberg nur der leere Platz.

Unterm 27. Juni 1772 giebt L. Schneider zu Friedrichshütte bei Laubach ein Gutachten über die Wiederherstellung der verfallenen Oberndorfer

Hütte ab, spricht sich sehr günstig dafür aus und veranschlagt die Kosten des Hohofens zu 1275 fl. 48 kr. und des Hammers mit 2 Feuern zu 1196 fl. 45 kr.

Ein anderer Anschlag giebt die Baukosten der Oberndorfer Hütte zu 2500 fl. und diejenigen der Asslarer Hütte zu 7000 fl. an. Ein Kammerrath Remy zu Neuwied wird, weil er selbst Hütten- und Hammerwerke betreibt, um Begutachtung der Anschläge ersucht. 1774 wird mit dem Bau begonnen. Die Gestellsteine bezieht man von Trais bei Münzenberg, weil diejenigen, welche bei Vilbel gewonnen werden, zu theuer sind. Die Blasebälge bestellt man in Schmalkalden, kann aber von dort keine erhalten und überträgt deshalb einem Balgenmacher zu Gemünden im Usingen'schen 1775 die Anfertigung derselben. Dieser erhält für 1 Paar Schmelzbälge 80 Rthlr. und für 1 Paar Hammerbälge 45 Rthlr.

Nun wird die Verpachtung der Hütten beschlossen. In der öffentlichen Ausschreibung vom 15. März 1775, welche im Marburger Anzeiger, Blatt 12, und im Frankfurter Staats-Ristretto Nr. 46 abgedruckt ist, (die Beweisexemplare befinden sich bei den Acten) sind die Asslarer Hütte nebst Drahtzug, die Oberndorfer Hütte und der Brückenhammer bei Leun genannt, und wird bemerkt, dass die Retablirung der Werke wegen der ausserordentlichen Menge, Reichhaltigkeit und besondern bekannten Güte der im Lande befindlichen Eisensteine erfolgt sei, und dass alle diese Eisensteine in die Verpachtung eingeschlossen seien. Der Verpachtungstermin findet am 26. April 1775 statt. Pächter wird der Hüttenverwalter E. Doepp von Biedenkopf. Die Pachtung wird auf 15 Jahre (bis Ende April 1790) abgeschlossen. Der Pachtbetrag wird auf 600 fl. jährlich festgesetzt; ausserdem muss der Pächter die bereits verwendeten Baukosten in der Höhe von ± 1000 fl. in zwei Monaten ersetzen, wogegen die Fürstliche Herrschaft jährlich 1000 Klaftern Holz zu 5 fl. pro Klafter zu liefern sich verpflichtet.

Unter Doepp hat sich der Hüttenbetrieb sehr gehoben, wie die Gebote beweisen, welche in dem vor Ablauf seiner Pachtzeit abgehaltenen neuen Verpachtungstermine abgegeben worden sind. Der Hütteninspector H. W. Henckler von Usingen giebt in diesem Termine das höchste Gebot für das Fürstlich Nassau-Saarbrück-Usingen'sche Hüttenamt ab, nämlich 3475 fl. jährliche Pacht und pro Klafter Holz 6$\frac{1}{2}$ fl.; aber dieses Gebot wird nicht angenommen.

Die Production betrug unter Doepp im Jahre 1788 auf der Asslarer Hütte:

4818 Stahl	—	Pfund	Masseln,
105 „	93	„	Sandguss,
39 „	105	„	Brucheisen,
250 „	11	„	Wascheisen,
5213 Stahl	39	Pfund	in Summa,

auf der Oberndorfer Hütte:

4123 Stahl	60	Pfund	Masseln,
123 „	10	„	Sandguss,
19 „	50	„	Brucheisen,
145 „	10	„	Wascheisen,

4410 Stahl 130 Pfund in Summa,

auf beiden Werken zusammen 9623 Stahl 169 Pfund à 5 fl. =
48 120 fl. (1 Stahl = 170 Pfund).

Nach Ablauf der Pachtzeit des Doepp übernehmen die vier Oheime des regierenden Fürsten Wilhelm Christian Carl (1783—1837) nämlich:

Carl L u d w i g Wilhelm,

Wilhelm C h r i s t o p h,

Ludwig Rudolph W i l h e l m und

Anton Ernst Wilhelm F r i e d r i c h [1])

die Pacht der Hütten auf neun Jahre. Sie engagiren den Doepp, welcher aber bald darauf stirbt, als Hüttenverwalter mit 1200 fl. Gehalt unter der Bedingung, dass er 10 000 fl. Betriebskapital, zu 5 % verzinslich, vorschiesse.

Es fehlte damals in der nähern Umgegend schon an Kohlholz, und man bezog deshalb in den Jahren 1790 bis 1796 bedeutende Quantitäten Kohlen aus den Forsten des Herrn von Breidenstein im Kreise Biedenkopf zum Preise von 18½ Rthlr. pro Wagen, welcher contractlich festgestellt war, nach der .Asslarer Hütte.

Man ist deshalb auch damals sehr darauf bedacht gewesen, die Unterschleife abzustellen, welche sich die Köhler in den Fürstlichen Forsten öfters haben zu Schulden kommen lassen mögen. Nach einem Berichte des Amtmanns Theobald zu Greifenstein vom 26. Juli 1790 hat der Köhler Metzger von Allendorf, weil er an Keller zu Ulm und Schmidt Metz zu Edingen Kohlen vom herrschaftlichen Holzplatze verkauft hat, 20 Stockschläge erhalten.

Um das Jahr 1800 beginnen unter den Landleuten der Ulm- und Lempgegend Agitationen gegen das bestehende Kohlenausfuhrverbot.

Die Eisensteine bezog man 1790 von Gruben bei Laufdorf, Nauborn, Oberndorf, Bonbaden, Allendorf, Stockhausen, Berghausen und Ehringshausen. Die Production der Eisensteine beschränkte sich aber lediglich auf den Bedarf der beiden Hütten. — Erst nach der Schiffbarmachung der Lahn bis

---

1) Diese vier jüngeren Brüder des Fürsten Ferdinand Wilhelm Ernst (1761 bis 1783) succedirten in Gemeinschaft mit letzterem ihrem Vater Friedrich Wilhelm und verglichen sich unterm 18. October 1783 mit Ferdinand Wilhelm Ernst dahin, dass dieser die Stammgrafschaft Braunfels erhielt, sie selbst aber die Grafschaften Greifenstein und Hungen auf Lebenszeit und unter der Bedingung des Rückfalls auf die männliche Descendenz ihres älteren Bruders.

Weilburg wurden auch Erze exportirt. 1842 erhält die Sayner Hütte zuerst Eisenstein nach Weilburg geliefert, 1842—1845 treten auch die Gebrüder Purizelli zu Rheinboellen, J. J. Langen in Cöln, v. Dietrich zu Niederbronn und Gebrüder Benkieser zu Pforzheim als Abnehmer auf.

Während des Zeitraumes von 1790 bis 1843 wurden beide Hütten für fürstliche Rechnung betrieben und im Ganzen auf der Asslarer Hütte:

610365 Ctr. Holzkohleneisen, darunter 15678 Ctr. Gusswaaren,
auf der Oberndorfer Hütte:

478145 Ctr. Holzkohleneisen, darunter 12720 Ctr. Gusswaaren
producirt.

Im Jahre 1791 betrug der Reingewinn von

Asslarerhütte . . .	6192 fl.	46 kr.
Oberndorferhütte . .	1926 „	25 „
Asslarer Hammer . .	1140 „	47 „
Oberndorfer Hammer.	186 „	28 „
Brückenhammer . .	226 „	10 „
Summa .	9672 fl.	36 kr.

Nach 1843 waren die Hütten an J. W. Buderus Söhne und später an v. Dietrichs Wittwe und Söhne verpachtet.

Ueber den älteren Bergbau im Fürstlich Solms-Braunfelsischen Gebiete ist ausser den bereits oben erwähnten Verleihungs-Urkunden von 1722 und 1731 noch Folgendes vom Verfasser aus den Acten ermittelt worden.

Durch Urkunde vom 19. Juni 1724 erhält Johann Georg Ströhm von Berndorf im Fürstenthum Waldeck die Erlaubniss, in der ganzen Gemarkung Allendorf auf Erze und Mineralien zu schürfen, und es soll ihm, dafern er Gänge oder Flötze erbrochen, „die würkliche Belehnung auss hiesig hochgräfl. Rentkammer ausgefertigt und gratis gefolget werden".

Am 12. Mai 1725 verleiht Graf Friedrich Wilhelm das Kupfererzbergwerk in der Goldkaute bei Berghausen an seinen Hauptmann Johann Heinrich Petermann et Cons. 1730 ist ein Kupfererzbergwerk bei Oberwetz und Oberquembach im Betriebe, dessen Wiederaufnahme dem Steiger und Geschworenen Peter Helwig zu Weiperfeld 1733 gestattet wird.

Am 25. August 1738 wird dem Johannes Götz von Niedergirmes die Erlaubniss ertheilt, im Silbergraben daselbst einzuschlagen, nachdem er von Fürstlicher Regierung die Muthung auf Silbererze erhalten.

Das oben erwähnte Daubhäuser Werk war schon 1705 im Betriebe. Es beschweren sich nämlich in diesem Jahre die dortigen Bergleute beim Grafen Wilhelm Moritz, dass ihr Bergmeister Johann Justus Albrecht sich heimlich vor mehreren Wochen entfernt habe, dass sie nicht wüssten, ob und wann er wiederkäme, dass sie keine Lebensmittel hätten und auch von keinem Wirthe mehr etwas geborgt bekämen. 1716 wird der Stollen der Daubhäuser Grube begonnen. Im Quartal Trinitatis 1722 ist dieser Stollen mit 3 Mann belegt gewesen, welche $2^1/_2$ Lachter herausgehauen und pro Lachter 27 fl. erhalten haben. Der Stollen hiess damals: „Fürstin Sophien-Stollen" und die ganze Grube das „Sophien-Bergwerk". Von den Jahren 1723 und 1725 sind noch Betriebsberichte vorhanden. 1722 und 1723 waren der Graf Wilhelm Moritz und der Erbgraf Friedrich Wilhelm Mitgewerken, wie die noch vorhandenen Zubusszettel beweisen, welche sich auf den „Fürstin Sophien-Stollen" beziehen.

1758 wird auf der Oberndorfer Hütte ein Schmelzofen und ein Garheerd auf Kosten des Fürsten Ludwig (Bruder von Ferdinand Wilhelm Ernst) erbaut, um den Kupfererzvorrath der Friedrichsgrube bei Daubhausen zu verschmelzen. Bei dieser Ofenanlage mussten die Nadelschleifer weichen. Dieselbe bestand bis 1774, wo Schadenersatzansprüche erhoben wurden, als man den Neubau der Hütte begonnen hatte.

Von dieser Zeit an scheint das Daubhäuser Bergwerk bis 1812 nicht betrieben worden zu sein. Am 10. Juni 1812 wird dem Joh. Pet. Robin, Johann Christ. Arabin et Cons.[1]) zu Daubhausen die Erlaubniss ertheilt, das dortige Kupfererzbergwerk für sich zu betreiben, jedoch mit ausdrücklicher Beschränkung auf Kupfererze bei Strafe der Zurücknahme der Erlaubniss im Falle der Nichtbefolgung. Von dieser Erlaubniss ist aber wenig Gebrauch gemacht worden, denn 1821 bewirbt sich ein Forstjäger Kern schon wieder um das verfallene Werk und erhält die Belehnung am 10. September 1821. Der Fürst steht selbst mit einem Stamme ($^1/_{32}$) an. Gegenwärtig ist das Werk unter dem Namen Gustav verliehen.

Das Berghäuser Kupfererzbergwerk im Districte Goldkaute, welches in der oben erwähnten Urkunde vom 6. August 1731 ebenfalls genannt wird, war vor 1725 schon im Betriebe und kam um diese Zeit in Verfall. 1728 bewirbt sich ein Berghändler Johann Ernst Stamm aus Dillenburg darum, und es wird ein Gewerkentag auf den 16. September 1728 ausgeschrieben, auf welchem sich die Mehrbeit der alten Gewerken für die Beibehaltung der Belehnung und den Fortbetrieb ausspricht.

1753 war dieses Werk wieder verfallen, denn der Fürstlich Weilburgische Bergsecretarius Roth fragt an, ob er, wenn er eine Gewerkschaft zusammenbringe, die Belehnung auf dasselbe erhalten werde. Gleichzeitig bewirbt sich mit ihm der Kaufmann Bassompierre zu Frankfurt um die Belehnung. Jetzt ist von dem Werke nur noch ein alter Stollen sichtbar, welcher sich in dem Felde des Kupfererzbergwerks Louishoffnung befindet.

Am 8. Juni 1820 erhält die Gemeinde Ehringshausen die Erlaubniss, am Knittelberge zwischen Ehringshausen und Werdorf ein Kupfererzbergwerk anzulegen. Dasselbe ist jetzt unter dem Namen Berlin verliehen.

---

[1]) Nachkommen französischer Emigranten, wie solche noch jetzt in Daubhausen und Greifenthal sehr zahlreich vorhanden sind.

Am 15. März 1811 wird der Gemeinde Griedelbach von der Herzoglich Nassauischen Landesregierung zu Wiesbaden, welche nach der Mediatisirung der vier ehemals reichsunmittelbaren Linien des Hauses Solms im Jahre 1806 im Fürstenthum Braunfels bis 1815 die Hoheitsrechte ausübte, die Erlaubniss ertheilt, innerhalb ihres Bannes nach Erzen zu schürfen.

Den grossen Reichthum des Fürstenthums an Eisenerzen erkennt schon der Antiquarius des Neckar-, Main-, Lahn- und Moselstroms (Frankfurt 1740) an, indem er pag. 491 sagt, in dem Braunfelsischen Lande sei ein solcher Ueberfluss an Eisenstein, dass man, wenn es nicht gar zu viel Holz kostete, ganz Deutschland mit Eisen versehen könnte.

IX. Statistische Nachrichten über den Hüttenbetrieb des Reviers.

Im Kreise Wetzlar sind, seitdem die Holzpreise in Folge der Erbauung der Eisenbahnen und des verstärkten Grubenbetriebs allzusehr gestiegen sind, die Holzkohlenhütten bei Asslar und Oberndorf nicht mehr im Betriebe. Dagegen sind zwei neue Kokshohofenwerke mit je zwei Oefen entstanden, die Sophienhütte bei Wetzlar und die Georgshütte bei Burgsolms, von welchen erstere am 1. August 1872 und letztere am 1. Februar 1875 in Betrieb gesetzt worden ist. Ferner ist am Wetzlarer Bahnhofe ein Puddel- und Walzwerk erbaut worden, welches sich seit dem 20. März 1876 im Betriebe befindet, und endlich bestehen noch zwei Cupolofengiessereien, eine am Bahnhofe Wetzlar und eine auf der Oberndorfer Hütte, schon seit mehreren Jahren.

Von den Hüttenwerken des Kreises Biedenkopf ist nur die Ludwigshütte bei Biedenkopf älterer Entstehung. Nach Klipstein (Verz. der Ausarbeitungen Nr. 3 bis 5) befand sich an ihrer Stelle ehemals ein Hammer, welcher zu der Frankenauer Hütte gehörte. Die Nachrichten darüber gehen bis zum Jahre 1588 zurück. Der erste Hohofen wurde zu Anfang des siebenzehnten Jahrhunderts erbaut. Im Jahre 1664 wurden, weil sich das Ausbringen aus den in der Nähe gewonnenen Erzen zu sehr vermindert hatte, die ersten Eisensteine von der Grube Königsbergerwerk bezogen, welche noch jetzt zu der Hütte gehört. 1673 wurde auf der Ludwigshütte ein Blechhammer und 1675 der zu derselben gehörige Stahlhammer zu Hatzfeld in

Betrieb gesetzt. Die Ludwigshütte war bis 1837 Staatseigenthum, aber periodisch an Private verpachtet. 1837 wurde sie nebst der ausschliesslichen Berechtigung zur Eisensteingewinnung in den fünf Gemarkungen Königsberg, Rodheim, Wommelshausen, Rachelshausen und Lixfeld vom Staate verkauft.

Sie hat zwei Hohöfen.

Die übrigen drei Eisenhütten des Kreises Biedenkopf, deren Hauptbetrieb, wie der der Ludwigshütte, in der Darstellung von Giesserei-Produkten direkt aus den Holzkohlenhohöfen besteht, sind neuerer Entstehung. Die Justushütte bei Weidenhausen und die Wilhelmshütte bei Wolfsgruben sind in dem zweiten Viertheil des laufenden Jahrhunderts von dem auf einem dritten bei Lollar von ihm erbauten Hüttenwerke 1859 verstorbenen Justus Kilian neu angelegt, und die Karlshütte bei Buchenau ist 1848 von C. C. Klein, dem Vater der jetzigen Besitzer, einem früheren Hütteninspector der Ludwigshütte, erbaut worden. Auf der Wilhelmshütte ist ausser dem Holzkohlenhohofen noch ein Puddelofen und ein Cupolofen im Betriebe. Die Karlshütte hat zwei Hohöfen und einen Cupolofen, die Justushütte einen Hohofen und zwei Cupolöfen.

Der Auhammer bei Battenberg, welcher früher zur Ludwigshütte gehörte, producirt aus altem Schmiedeeisen und Luppen in Schweissfeuern Stabeisen und Pflugtheile, der Reddighäuser Hammer, seit 1837 im Betriebe, in eben solchen Feuern und aus gleichem Material Wagenreifen, Hufstabeisen und Pflugtheile. Der Breidensteiner Hammer ist seit 20 Jahren nicht mehr im Betriebe.

Zur Verhüttung der bei Bellnhausen vorkommenden Nickelerze ist die Aurorahütte bei Erdhausen um 1850 erbaut worden.

Die Production der Kokshohöfen des Kreises Wetzlar hat betragen:

Jahr.	Hohöfen		Ausser Betrieb.	Verarbeitete Erze (inländische) Ctr.	Production, best. in Mass. z.verfrischen. Ctr.	Mittlere Belegschaft: männliche Arbeiter.	Von Arbeitern ernährte Angehör.
	Anzahl im Betrieb.	Ges.Betr.-dauer in Monat.					
1872	1	5	1	271966	113700	138	250
1873	2	16	—	905036	388286	200	360
1874	2	14 $^1/_3$	—	1005744	380522	180	350
1875	3	35	1	2331333	872792	362	667
1876	3	36	1	2543571	980651	305	573
1877	3	36	1	2707165	1028626	330	635

Die vier Holzkohlenhütten des Kreises Biedenkopf haben producirt:

Jahr.	Hohöfen			Verarb. Erze (inländ.) Ctr.	Production			Mittlere Belegschaft[1]): männl. Arbeiter.	Von Arbeitern ernährte Angehörige.
	Anz. im Betr.	Gesammt. Betriebsdauer in Monat.	Auss. Betrieb.		Masseln Ctr.	Gussw. erster Schmelzg. Ctr.	Summa Ctr.		
1871	5	48½	1	279107	56668	52044	108712	55	?
1872	5	48	1	294193	65354	57136	122490	51	96
1873	4	48	2	309016	67539	60566	128105	56	100
1874	4	45	2	302266	64487	60722	125209	53	111
1875	4	48	2	318379	63956	69263	133219	54	116
1876	4	45½	2	294916	58694	69579	128273	54	119
1877	4	43	2	251823	51755	62089	113844	51	102

Die ganze Production des Reviers an Gusswaaren erster und zweiter Schmelzung hat betragen:

Jahr.	Produktion. Ctr.	Mittlere Belegschaft: männliche Arbeiter.	Von Arbeitern ernährte Angehörige.
1871	58520	407	?
1872	68202	402	896
1873	67641	387	855
1874	66078	377	860
1875	75489	441	925
1876	81770	431	1058
1877	74274	415	974

Stabeisen wurde im Reviere producirt:

Jahr.	Verarbeitetes inländisches Roheisen. Ctr.	Production			Zahl d. betriebenen		Mittlere Belegschaft: männl. Arbeiter.	Von Arbeitern ernährte Angehörige.
		in Puddelöfen Ctr.	in Frischfeuern Ctr.	Summa Ctr.	Puddelöfen.	Frischfeuer.		
1871	13146	3598	6602	10200	1	4	27	?
1872	13230	2920	7453	10373	1	5	45	107
1873	12898	700	9383	10083	1	4	41	91
1874	13071	2950	7486	10436	1	5	51	136
1875	14076	3581	7741	11322	1	3	42	114
1876	70719	54080	4743	58823	5	3	138	353
1877	92113	76322	—	76322	5	—	114	296

1) Es sind hier nur die eigentlichen Hohofenarbeiter aufgeführt. Die Former erscheinen in der folgenden Nachweisung.

Die Production der Schweissfeuer und Schweissöfen des Reviers hat betragen:

Jahr.	Es wurde verarbeitet		Pro-duction. Ctr.	Hiervon sind dargestellt		Mittlere Arbeiterzahl männl. Arbeiter.	Von Arbeitern ernährte Angehörige.	Bemerkungen.
	Alteisen und Eisen-abfälle. Ctr.	Luppen und Roh-schienen. Ctr.		bei Steinkhl.-feuerung. Ctr.	bei Holzkhl.-feuerung Ctr.			
1872	254	3450	3393	—	3393	—	—	Die in der vori-gen Uebersicht angeführten Ar-beiter sind hier mit beschäftigt worden.
1873	337	2566	2610	2610	—	2	—	
1874	—	3292	3103	3103	—	—	—	
1875	120	6363	5752	5752	—	8	19	
1876	400	42210	35315	35315	—	8	19	
1877	2881	84628	76386	76386	—	32	80	

Nickelkupfer wurde dargestellt:

Jahr.	Aus inländischen Erzen. Ctr.	Producirtes Nickel-kupfer. Pfund.	Arbeiter: männl.	Von Arbeitern ernährte Angehörige.
1874	1136	800	6	15
1875	4541	1226	10	22
1876	6937	7113	11	25

Die Schwefelsäureproduction der Fabrik am Wetzlarer Bahnhofe, welche Schwefelkiese von Meggen im Bergreviere Arnsberg verarbeitet, betrug:

Jahr.	Aus inländischen Erzen. Ctr.	Producirte Schwefel-säure à 53° Baumé. Ctr.	Arbeiter: männl.	Von Arbeitern ernährte Angehörige.
1875	26400	37000	7	14
1876	26250	35056	6	13
1877	21022	36252	8	10

X. Bergrechtliche Verhältnisse.

Bis zum Jahre 1848 hatte der durch Verfügung vom 14. Mai 1816
gebildete Kreis Wetzlar in Bezug auf die Ausübung des Bergregals drei getrennte Gebiete. Der Staat übte dasselbe nur in dem Immediatgebiete aus,
welches aus dem Gebiete der ehemaligen Reichsstadt Wetzlar (durch den
Reichsdeputations - Hauptschluss im Jahre 1803 als „Grafschaft Wetzlar"
dem Kurerzkanzler von Dalberg, späteren Fürsten Primas, und durch die
Wiener Schlussacte im Jahre 1815 dem Königreich Preussen überwiesen),
und dem ehemaligen Nassau-Weilburgischen Amte Atzbach (nebst den vorher
reichsunmittelbaren Gebieten des Fürstenthums Solms-Braunfels und der Grafschaft Hohensolms von 1806 bis 1815 zu dem durch die Rheinbundacte neu ge-
bildeten Herzogthume Nassau gehörig) bestand und die jetzigen Bürgermeistereien Wetzlar, Atzbach, Launsbach und Rechtenbach — jedoch mit
Ausschluss des auf der linken Seite des Wetzbachs gelegenen Theils der
Gemarkung Niederwetz und mit Einschluss des jetzt zur Bürgermeisterei
Schöffengrund gehörigen, auf der rechten Seite des Wetzbachs gelegenen
Theils der Gemarkung Nauborn — umfasste. In dem Gebiete der Standesherrschaft Solms-Braunfels hingegen übte der Fürst zu Solms-Braunfels, dessen
Bergregalitäts-Rechte durch den Königlichen Erlass vom 6. Mai 1844 und
das zur Ausführung desselben ergangene Regulativ vom 26. März 1846 —
abgedruckt im Amtsblatt der Regierung zu Coblenz pro 1846, Nr. 34, Seite
240—244 — anerkannt worden waren, und in dem Gebiete der zum Fürstenthum Solms-Hohensolms-Lich gehörigen Grafschaft Hohensolms der Fürst zu
Hohensolms-Lich, wie durch den Königlichen Erlass vom 7. August 1846
anerkannt worden war, das Bergregal aus.

Die politischen Veränderungen des Jahres 1848 hatten indess zur Folge,
dass die genannten beiden Privat-Regalinhaber ihre auf dem Bergregal be-
ruhenden Rechte durch Verträge vom 5. Juli, beziehungsweise 10. August
1848, welche im Jahre 1849 die Königliche Bestätigung erhielten, an den
Staat unentgeltlich abtraten.

Darauf wurde im Jahre 1849 ein den ganzen Kreis Wetzlar umfassen-
des eigenes Königliches Bergrevier gebildet. Bis dahin waren die wenigen
im Immediatgebiete bei Garbenheim, Wetzlar und Ebersgöns gelegenen Eisensteingruben von dem damaligen Königlichen Bergamte zu Siegen beaufsich-
tigt worden.

Nach dem Kriege des Jahres 1866 wurde der jetzige Kreis Biedenkopf
welcher vom Grossherzogthum Hessen an das Königreich Preussen abgetreten
worden war, dem Bergreviere Wetzlar zuertheilt. — (Verordnung des Ministers

für Handel, Gewerbe und öffentliche Arbeiten vom 11. März 1867. Amtsblatt der Königlichen Regierung zu Coblenz vom Jahre 1867, Nr. 15, S. 128.)

Durch den Erlass des Allgemeinen Berggesetzes vom 24. Juni 1865, welches durch die Königliche Verordnung vom 22. Februar 1867 (Gesetzsammlung von 1867, S. 242) (Zeitschrift für Bergrecht, Bd. VIII., S. 29 ff.) auch in den Kreis Biedenkopf eingeführt wurde, sind die bergrechtlichen Verhältnisse im ganzen Reviere einheitlich geregelt. Dies gilt auch von der Besteuerung der Bergwerke, welche für den Kreis Biedenkopf durch die Königliche Verordnung vom 1. Juni 1867 neu geregelt wurde. (Gesetzsammlung von 1867, S. 802; Zeitschrift für Bergrecht, Bd. VIII., S. 229 ff.)

Vorher wurde im Kreise Wetzlar, weil besondere berggesetzliche Vorschriften für denselben nicht bestanden, die Verwaltung des Bergregals nach den Grundsätzen des gemeinen deutschen Bergrechts geführt und subsidiarisch, insbesondere bei Verleihungen, nach Theil II, Titel XVI, Abschnitt IV des Allgemeinen Landrechts für die preussischen Staaten verfahren. Geeigneten Falls kam auch bei Verleihungen das Gesetz vom 1. Juli 1821, betreffend die Verleihung des Bergeigenthums auf Flötzen, zur Anwendung. Die gewerkschaftlichen Verhältnisse waren im Kreise Wetzlar nach dem für die rechtsrheinischen Landestheile Preussens erlassenen Gesetze vom 12. Mai 1851 über die Verhältnisse der Miteigenthümer eines Bergwerks bis zur Einführung des Allgemeinen Berggesetzes zu beurtheilen und das Aufsichtsrecht der Bergbehörden wurde durch das Gesetz vom 21. Mai 1860, die Aufsicht der Bergbehörden über den Bergbau und das Verhältniss der Berg- und Hüttenarbeiter betreffend, so wie durch das Gesetz vom 10. Juni 1861, die Competenz der Oberbergämter betreffend, geregelt.

Im Kreise Biedenkopf wurde bis zur Einführung des Allgemeinen Berggesetzes ebenfalls nach den Grundsätzen des gemeinen deutschen Bergrechts, nach der Observanz und nach zerstreuten Verordnungen und Verfügungen verfahren. Nur in Beziehung auf die Abtretung von Privateigenthum zu bergbaulichen Zwecken hatten die Artikel 20, 21 und 22 des Grossherzoglich Hessischen Gesetzes vom 27. Mai 1821, welche mit der Einführung des Allgemeinen Berggesetzes aufgehoben wurden, vollständige Rechtskraft. (Vergl. Tasche und Brassert, Verz. der Ausarbeitungen Nr. 42, 51 und 54.)

Berggegenbücher bestanden und bestehen weder für den Kreis Wetzlar noch für den Kreis Biedenkopf. Die hierdurch herbeigeführte Rechtsunsicherheit bezüglich des Bergwerkseigenthums ist im Kreise Wetzlar durch die für den Bezirk des Justizsenats zu Ehrenbreitstein erlassenen Gesetze:

1. zur Verbesserung des Contracten- und Hypothekenwesens vom 2. Februar 1864 (Gesetzsammlung von 1864 S. 34) und
2. über das Grundbuchwesen vom 30. Mai 1873 (Gesetzsammlung von 1873, S. 287; Brockhoff, die Grundbuch- und Hypothekengesetze vom 5. Mai 1872 in der Zeitschrift für Bergrecht, Bd. XIV., S. 332, 339 ff.)

beseitigt. Im Kreise Biedenkopf aber bedürfen diese Verhältnisse noch einer befriedigenden Regelung. Das von der Grossherzoglichen Oberbaudirection zu Darmstadt als früherer Bergbehörde geführte sogenannte Berggegenbuch ist durch das jetzt von dem Revierbeamten zu führende Repertorium der Bergwerke ersetzt. Die Verträge über die Veräusserung von Bergwerkseigenthum werden in jenem Landestheile zwar vor den Ortsgerichten verlautbart, aber eine Eintragung in die Grundbücher findet nur in so weit statt, als es sich um Veräusserung des zu den Bergwerken gehörigen Grundeigenthums handelt.

Obwohl durch das Gesetz vom 9. April 1873, betreffend die Abänderung des § 235 des Allgemeinen Berggesetzes, es den Gewerkschaften des älteren Rechts erleichtert worden ist, sich die Vortheile des vierten Titels des Berggesetzes anzueignen, so haben doch bis jetzt nur wenige Gewerkschaften die zur Erlangung jener Vortheile nöthigen Schritte gethan.

XI. Steuer-Verhältnisse.

Im Kreise Wetzlar wurde durch das Gesetz über die Besteuerung der Bergwerke vom 12. Mai 1851 der Zehnte vom Bruttoertrage der Bergwerke, nachdem schon vorher im Verwaltungswege Ermässigungen zugelassen worden waren, und namentlich durch ein Ministerial-Rescript vom 17. Januar 1849 eine Ermässigung auf 5 Procent des Reinertrags von den Ausbeutegruben stattgefunden hatte, auf den Zwanzigsten herabgesetzt und unter Aufhebung einer ganzen Reihe von Bergwerksabgaben verschiedener Art eine Aufsichtssteuer eingeführt, welche 1 Procent vom Werthe der Produkte der Bergwerke betrug. Beide neuen Steuern wurden aber nach § 14 jenes Gesetzes von den Eisensteinbergwerken, welche hier allein eine grössere Bedeutung haben, nur dann erhoben, wenn dieselben nach dem Jahresabschlusse mit einem rechnungsmässigen Reinertrage von wenigstens 10 Procent gebaut hatten. Ausserdem genossen alle neu verliehenen Werke 6 Jahre Zwanzigstenfreiheit. Der Zwanzigste wurde darauf durch das Gesetz vom 22. Mai 1861 mit dem 1. Januar 1862 um ein Fünftheil ermässigt und zugleich die Bestimmung getroffen, dass jedesmal eine weitere Ermässigung um ein ferneres Fünftheil dann stattfinden solle, wenn im Vorjahre die Bergwerksabgabe einschliesslich der Aufsichtssteuer im ganzen Staate die Summe von einer Million Thaler erreicht habe, und zwar so lange, bis die Abgabe auf zwei Fünftheile des Zwanzigsten gesunken sei. Schon durch das Gesetz vom

20. October 1862, welches als eine Folge des Deutsch-Französischen Handels-
vertrages anzusehen war, wurde aber der Eisensteinbergbau vom 1. Januar
1863 an von allen Abgaben befreit und festgesetzt, dass von den übrigen
Bergwerken ausser der Aufsichtssteuer vom 1. Januar 1863 an nur 3 Procent,
vom 1. Januar 1864 nur 2 Procent, und vom 1. Januar 1865 an nur 1
Procent vom Bruttoertrage nach Abzug der Aufbereitungskosten als Bergwerksabgabe entrichtet werden solle. Dass die Steuerermässigungen, welche
hierdurch dem Bergbau des Kreises Wetzlar zu Gute gekommen sind, nicht
unbedeutend waren, geht aus folgender Zusammenstellung hervor:

Jahr.	Werth der Production. Mark.	Erhobene Berg-werkssteuern. Mark.
1854	291561	3612,68
1855	226529	590,65
1856	275499	1377,05
1857	354450	2854,96
1858	365802	4155,59
1859	258618	2818,71
1860	311697	4637,97
1861	421073	6943,49
1862	504012	4853,31
1863	619317	127,60
1864	828357	251,76
1865	1597062	284,83
1866	1541817	210,32
1867	1452405	660,90
1868	1302471	639,57
1869	1416534	178,01
1870	1759185	140,58
1871	2677272	344,30
1872	3173868	59,73
1873	2718924	22,40
1874	1474754	6,40
1875	1511709	10,45
1876	1440982	30,00
1877	1635510	9,00

Im Kreise Biedenkopf wurde bis zum 30. Juni 1867 der Zwanzigste
als Bergwerksabgabe erhoben, jedoch genossen die neu verliehenen Werke
zehn Freijahre. Jedes betriebene Werk war ausserdem gewerbesteuerpflichtig.

Im Jahre 1866 betrug der Zwanzigste bei einem Werthe der Production
des Kreises von

$$193197 \text{ Mark} = 2019{,}63 \text{ Mark.}$$

Für das erste Halbjahr 1867 wurden noch 1187,78 Mark an Steuern bei
einem Werthe der Production des ganzen Jahres von 97,839 Mark erhoben,
aber mit dem 1. Juli 1867 trat in Folge Königlicher Verordnung vom 1. Juni

desselben Jahres die Befreiung der Eisenerzbergwerke von allen Abgaben
und für die übrigen Bergwerke eine Ermässigung der Steuer auf 2 Procent
des Werthes der Produkte nach Abzug der Aufbereitungskosten ein.

Von 1868 an wurden im Kreise Biedenkopf an Bergwerksabgaben gezahlt:

Jahr.	Werth der Production. Mark.	Erhobene Berg- werkssteuern. Mark.
1868	116865	80,91
1869	208050	142,09
1870	209262	123,58
1871	294570	21,12
1872	403926	47,61
1873	410550	18,24
1874	237587	29,96
1875	214267	136,84
1876	198027	193,88
1877	147812	134,52

XII. Arbeiter-Verhältnisse.

Abgesehen von der Periode der Ueberstürzung in den Jahren 1871 bis
1873 hat der Bergbau des Reviers Wetzlar seither fast nur in demselben
ansässige Arbeiter beschäftigt. Im Kreise Wetzlar und in dem zwischen
die zwei getrennten Theile desselben eingeschobenen südlichen Theile des
Kreises Biedenkopf finden die wenig bemittelten Leute, welche auf den Er-
werb ihres Lebensunterhaltes durch Tagelohn- oder Accordarbeit angewiesen
sind, selbst in der jetzigen Zeit allgemeiner Geschäftsstockungen beim Bergbau immer noch gegen einen, mässigen Ansprüchen genügenden Lohn vollauf
Beschäftigung. Der grösste Theil des Kreises Biedenkopf hingegen vermag
seiner Arbeiterbevölkerung volle Beschäftigung nicht zu gewähren. Bei der
im Allgemeinen sehr mässigen Lebensweise der dortigen Bevölkerung ist es
aber dem Arbeit suchenden Theile derselben möglich, auch gegen die jetzigen
sehr reducirten Löhne ausserhalb, z. B. im Kreise Siegen, in den westphälischen Kohlenrevieren und im Kreise Wetzlar, zu arbeiten. In letzterem
Kreise findet man noch immer Arbeiter aus dem Kreise Biedenkopf, namentlich aus dem Kirchspiele Hartenrod, aus den Ortschaften Günterod, Schlier-
bach und Wommelshausen. Das anziehende Sittengemälde, welches Klipstein
(Vergl. Verz. der Ausarbeitungen Nr. 5) vor hundert Jahren von der dortigen bescheidenen Bevölkerung entworfen hat, ist im Allgemeinen noch jetzt

zutreffend, nur zieht die ausserhalb Verdienst suchende Jugend nicht mehr vorzugsweise in die Wetterau zu landwirthschaftlichen Arbeiten, sondern in die reichlicheren Lohn gewährenden benachbarten industriellen Bezirke.

Die Arbeiterlöhne, welche noch vor 18 bis 20 Jahren nur 60 bis 70 Pfg. pro Tag betragen haben, sind mit der Entwicklung des Bergbaus allmählich gestiegen, betrugen in den Jahren 1869 und 1870 bereits Mark 1,80 bis 2,00, 1871 schon Mark 2,50 bis 3,00, erreichten ihren höchsten Stand 1872 und in der ersten Hälfte des Jahres 1873 mit Mark 3,50 bis 4,00, gingen dann allmählich wieder zurück, bis zum Ende des Jahres 1873 auf Mark 2,20 bis 2,50, bis Ende 1874 auf Mark 1,80 bis 2,20, bis Ende 1876 auf Mark 1,50 bis 1,90, und stehen jetzt, mit der Nachfrage nach Arbeitern auf den einzelnen Gruben wechselnd, auf Mark 1,20 bis 1,80 pro achtstündige Schicht. Da ausserdem den Arbeitern gern gestattet wird, in der ihnen nach der Schicht zunächst zu ihren Feldarbeiten übrig gelassenen freien Zeit noch ¼ oder ½ Schicht täglich weiter auf der Grube zu arbeiten, wenn sie dieses wünschen, so kann man die Lage der Bergarbeiter auch gegenwärtig noch als befriedigend bezeichnen. Die Lohnverhältnisse sind, wenn man — wie selbstverständlich — die Steigerung des Preises der Lebensbedürfnisse berücksichtigt, jetzt noch immer weit günstiger, als vor 15 bis 20 Jahren, und wenn jetzt so häufig Klagen über zu niedrige Arbeitslöhne laut werden, so ist dieses zunächst nur die Folge der in den Jahren 1872 und 1873 zu sehr gesteigerten Bedürfnisse der Arbeiter, von welchen nur wenige damals daran gedacht, dass auch wieder Zeiten mit niedrigeren Löhnen kommen könnten, und etwas erspart haben.

Im Kreise Biedenkopf stehen die Arbeitslöhne gegenwärtig nur wenig niedriger, als im Kreise Wetzlar, weil dort die Arbeiter sich leicht zum Wandern entschliessen.

In den Jahren 1872 und 1873 waren auf mehreren Gruben, z. B. Raab bei Wetzlar und Amanda bei Nauborn, Einrichtungen getroffen worden, um den fremden Arbeitern Schlafstellen zu gewähren. Dieselben werden aber gegenwärtig nur ausnahmsweise benutzt. Eine Gelegenheit zum Kochen des Kaffees, welcher in der Mitte der Schicht jetzt wieder das gewöhnliche und sehr empfehlenswerthe Getränk bildet, ist auf jeder Grube vorhanden.

Die grosse Mehrzahl der Arbeiter hat etwas Grundbesitz, in der Regel ein Häuschen und einige Aecker, auf welchen sie einen Theil ihres Bedarfs an Brod und Kartoffeln und etwas Futter für eine Ziege, bisweilen sogar für eine Kuh ziehen. Viele Arbeiter mästen sich auch ein oder zwei Schweine. Wo solche Verhältnisse bestehen, kann von einem Arbeiter-Proletariat nicht die Rede sein. Die nicht ganz ausgebliebenen Versuche der Socialdemokraten, hier etwas Boden zu gewinnen, sind deshalb auch vollständig gescheitert.

Unter Verhältnissen, wie sie hier bestehen und hoffentlich noch lange bestehen werden, ist die Industrie für die Gegend ein Segen, sie bringt ihr

Wohlstand. Vergleiche man doch einmal den jetzigen Zustand der Ortschaften, in deren Umgebung der Bergbau zur Blüthe gekommen ist, z. B. Nauborn, Garbenheim, Burgsolms, Niedernbiel, Ehringshausen, die Stadt Wetzlar u. s. w. mit dem vor 15 bis 20 Jahren. Wie sind dagegen die Ortschaften, welche von den Bergbaubezirken entfernt liegen, zurückgeblieben. In den Bürgermeistereien Greifenstein, Hohensolms und Rechtenbach, in welchen kein Bergbau umgeht, hat nach den statistischen Erhebungen (Verz. der Ausarbeitungen Nr. 72) sich die Bevölkerung seit 1864 vermindert, in den Bürgermeistereien Braunfels, Schöffengrund, Wetzlar, Asslar und Atzbach aber, in welchen ein mehr oder weniger bedeutender Bergbau betrieben wird, erheblich vermehrt. Wenn in der Bürgermeisterei Launsbach, wo der Bergbau fehlt, die Bevölkerung sich doch auch vermehrt hat, so ist dies einer anderen Industrie, nämlich den in derselben und in deren Nähe entstandenen Cigarrenfabriken zu verdanken. Bedenkt man, dass im Kreise Wetzlar für jeden geförderten Waggon Eisenstein durchschnittlich 24 Mark an Arbeits- und Fuhrlöhnen bezahlt werden, also bei einer Production von 50000 Waggons, welche im laufenden Jahre voraussichtlich erreicht werden wird, 1,200 000 M., während die Bearbeitung der sämmtlichen ländlichen Grundstücke (rund 85,000 Morgen Ackerland und 21,500 Morgen Wiesen), wenn sie gegen Arbeitslohn im Grossen und nicht von den Besitzern selbst bewirkt würde, nach Angabe von Besitzern grösserer Landgüter im Ganzen 1,659 000 Mark (pro Morgen Ackerland 18 Mark und pro Morgen Wiesen 6 Mark) kosten würde, so wird man begreifen, welche hohe Wichtigkeit der Bergbau für den Wohlstand des Kreises hat. Die Feldarbeit von 9728 Landwirthen und 2447 Gehülfen, im Ganzen 12175 bei der Landwirthschaft beschäftigten Personen, (welche noch 15883 Frauen, Kinder und Angehörige haben, so dass mehr als die Hälfte der Bevölkerung sich von dem Ackerbau ernährt) würde hiernach noch nicht $1\frac{1}{2}$ mal so viel Geldwerth haben, wie die Arbeit von rund 1500 Bergarbeitern und Fuhrleuten, welche zur Production von 50000 Waggons Eisenstein erforderlich sind und gegenwärtig im Kreise beschäftigt werden[1]).

---

1) Die Feldarbeit ist übrigens im Kreise Wetzlar durch die allzugrosse Parzellirung des Grundbesitzes sehr erschwert. Das oben angegebene Areal an Ackerland und Wiesen zerfällt nämlich in 564,781 Parzellen. Die durchschnittliche Grösse der Parzelle beträgt

im ganzen Kreise	66,36	☐Ruthen,
in der Gemeinde Laufdorf . . .	25,00	"
" " " Asslar	25,33	"
" " " Holzhausen . . .	26,00	"
" " " Bermol	27,50	"
" " " Tiefenbach . . .	28,00	"
" " " Dornholzhausen .	37,00	"
" " " Garbenheim . . .	37,50	"
" " " Salzböden	39,00	"

Die von den Gegnern der Bergwerks-Industrie aufgestellte Behauptung, dass dieselbe auf die Bevölkerung demoralisirend einwirke, findet in den statistischen Erhebungen über das Verhältniss der unehelichen Geburten des Kreises Wetzlar auch nicht gerade eine Stütze, indem das in dieser Beziehung ungünstige Verhältniss der Städte Wetzlar und Braunfels andere Ursachen, als den Bergbau haben dürfte, in der Bürgermeisterei Asslar der Bergarbeiterstand nicht zahlreicher vertreten ist, als in der Bürgermeisterei Schöffengrund, in der Bürgermeisterei Rechtenbach aber weit mehr Bergarbeiter ansässig sind (dieselben arbeiten ausserhalb der Bürgermeisterei auf den Gruben bei Garbenheim, Wetzlar und Nauborn), als in den Bürgermeistereien Hohensolms und Greifenstein. Es kommt nämlich nach dem Durchschnitte der Jahre 1868 bis 1871:

in der Stadt Wetzlar			auf	588,	
„	„	„ Braunfels		„	660,
„	„	Bürgermeisterei Asslar		„	628,
„	„	„	Braunfels	„	700,
„	„	„	Hohensolms	„	980,
„	„	„	Launsbach	„	992,
„	„	„	Greifenstein	„	1032,
„	„	„	Atzbach	„	1392,
„	„	„	Schöffengrund	„	1476,
„	„	„	Rechtenbach	„	2496

Einwohner jährlich eine uneheliche Geburt.

Ebenso scheint bezüglich der beim Kreisgericht zu Wetzlar vorgekommenen strafrechtlichen Untersuchungen der Bergarbeiterstand im Durchschnitt durchaus nicht mehr betheiligt zu sein, als die übrige Bevölkerung.

Specielle Angaben über die Zu- und Abnahme der bergmännischen Bevölkerung befinden sich in dem dem VII. Abschnitte beigefügten Tableau.

Aus den bei Aufstellung des letzteren benutzten Nachweisungen ergibt sich ferner, dass die Leistung der Arbeiter im Laufe der Zeit erheblich gestiegen ist. Dieselbe hat sich nämlich bei dem Eisenerzbergbau, welcher den Hauptproductionszweig des Bergreviers bildet, von 1057 Ctr. jährlicher Durchschnittsleistung eines Arbeiters im Jahre 1850 auf 3484 Ctr. im Jahre 1877 gesteigert und wird durch die graphischen Darstellungen auf Tafel 4 in ihrer speciellen Entwicklung veranschaulicht. Theilweise ist diese Erscheinung die Folge verbesserter Betriebseinrichtungen, theilweise aber auch das Ergebniss vermehrter Geschicklichkeit, grösseren Fleisses und grösserer Ausdauer der Arbeiter in Folge besser gewordener Ernährung derselben, welche durch die höheren Arbeitslöhne herbeigeführt worden ist.

Die Darstellung ist für jede Eisensteinsorte besonders erfolgt, damit erkannt werden kann, dass nicht durch den leichter zu gewinnenden Brauneisenstein die Steigerung in der Leistung der Arbeiter hervorgerufen ist.

XIII. Statistik der Unglücksfälle.

Die in dem Bergreviere Wetzlar seit dem Jahre 1840 bis zum Schlusse des Jahres 1876 vorgekommenen Unglücksfälle mit tödtlichem Ausgange sind aus der unten folgenden Nachweisung zu ersehen. Wenn die Verunglückungen hiernach zur Zahl der beschäftigten Arbeiter in einem erheblich günstigeren Verhältnisse stehen, als der Durchschnitt beim Bergwerksbetriebe des ganzen preussischen Staates ergiebt, so ist der Grund dafür zunächst darin zu suchen, dass der die absolut und relativ zahlreichsten Opfer fordernde Stein- und Braunkohlenbergbau hier fehlt, dann aber auch darin, dass die hiesigen Gebirgsarten, obwohl — namentlich in der Umgebung der Eisensteinlager — im Durchschnitt wenig fest und in der Verwitterung weit vorgeschritten, wegen ihrer lettigen, zähen Bestandtheile zum plötzlichen Zusammenbrechen nicht besonders geneigt sind, sondern mehr einen allmählichen, nachhaltigen Druck ausüben, welcher, so lästig er auch bisweilen ist, die Sicherheit der Arbeiter doch wenig gefährdet. Es wäre daher sehr unrichtig, aus der geringen Verhältnisszahl der Verunglückungen folgern zu wollen, dass die hiesigen Bergarbeiter vorsichtiger seien als andere. Gerade wie an anderen Orten, so sind auch hier bei weitem die meisten Unglücksfälle lediglich die Folge von unverantwortlichem Leichtsinn und Gleichgültigkeit der Arbeiter, welche trotz aller Warnungen und Strafen doch nur zu häufig die nothwendigsten Vorsichtsmassregeln unbeachtet lassen und sich, um eine nur wenig Zeit und Mühe erfordernde, ihre Sicherheit bezweckende Arbeit zu ersparen, augenscheinlicher Lebensgefahr aussetzen.

Auch dem bezüglich der Unglücksfälle günstiger als der Kohlenbergbau situirten Erzbergbau gegenüber bleibt der hiesige Bergbau unter dem Durchschnitt des preussischen Staates.

Der Nachweisung ist das in der Zeitschrift für das Berg-, Hütten- und Salinenwesen für die Verunglückungen angewendete Schema zu Grunde gelegt, jedoch der Raumersparniss wegen mit Auslassung aller derjenigen Colonnen und Jahre, in welche Ziffern nicht einzutragen gewesen sind, und mit Hinzufügung einer besondern Colonne für die Verunglückungen durch Steinfall in Tagebauen, welche im hiesigen Reviere ziemlich häufig vorkommen, auf die Zahl der dabei beschäftigten Arbeiter vertheilt sogar häufiger als diejenigen durch Steinfall beim unterirdischen Betriebe.

Die Verunglückungen durch Steinfall betragen mehr als die Hälfte aller Fälle, nämlich 22 von 42.

In Schächten verunglückten 11 Personen, darunter eine beim Einfahren auf der Fahrt durch Abgleiten in Folge Unwohlseins, 2 bei ausnahmsweisem Benutzen des Seiles zur Einfahrt, 4 durch Sturz in Schächte, darunter erwiesenermassen ein e in Folge des unmässigen Genusses von Branntwein, ein e durch einen in den Schacht gefallenen Stein, 3 dadurch, dass sie von dem Förderkübel erschlagen wurden, welcher sich vom Seile losgelöst hatte.

Ausser den durch Steinfall in Tagebauen verunglückten 9 Personen kamen über Tage noch 9 weitere Personen durch andere Unglücksfälle zu Tode, nämlich 4 zu gleicher Zeit bei einer durch Leichtsinn herbeigeführten Dynamitexplosion, ein e beim Göpelbetriebe, ein e durch Ertrinken in der Lahn, welcher sie sich in trunkenem Zustande bei der Tageförderung genähert hatte, ein e in Folge Ausgleitens auf dem Eise beim Herbeischaffen von Grubenholz, ein e bei der Haspelförderung, indem sie durch das um den nicht festgehaltenen Rundbaum schlagende Seilende tödtlich verletzt wurde.

In zwei Fällen war die Verunglückung in Folge der Fahrlässigkeit dritter Personen eingetreten. Beide Fälle wurden von der Staatsauwaltschaft verfolgt und führten zu gerichtlicher Verurtheilung wegen fahrlässiger Tödtung. Die erkannte Strafe betrug in dem einen Falle 2 Monate, im anderen 14 Tage. Ausserdem ist noch ein Unglücksfall vorgekommen, bei welchem diejenige Person, welche denselben verschuldet hatte, nämlich wie auch in den erwähnten beiden Fällen der Steiger der betreffenden Grube, selbst mit noch 3 Arbeitern seinen Tod gefunden hat.

Sonach befinden sich unter den seit 1840 im Reviere verunglückten 42 Personen 5, beziehungsweise 6, deren Hinterbliebene die Anwendung des Haftpflichtgesetzes vom 7. Juni 1871 vor dem Richter würden haben beanspruchen können, wenn nicht 2 Personen vor Erlass dieses Gesetzes verunglückt wären, und mit den Hinterbliebenen der übrigen 4 Personen die Entschädigung durch gütliches Uebereinkommen geregelt worden wäre.

Unter den Unglücksfällen ohne tödtlichen Ausgang, über welche vollständige statistische Nachrichten nicht vorliegen, sind seit dem Jahre 1849 14 vorgekommen, welche die Invalidität der Beschädigten zur Folge gehabt haben. Von diesen Invaliden leben gegenwärtig noch zwölf und beziehen aus der Knappschaftskasse die statutenmässig für bei der Arbeit verunglückte Mitglieder zulässige höhere Pension. Die Hälfte der noch lebenden Invaliden ist erst in den Jahren 1875 und 1876 für invalide erklärt worden, und es befinden sich darunter zwei Personen, bei welchen erst 6 resp. 10 Jahre nach der Verunglückung die Invalidität als Folge der Verunglückung eingetreten und anerkannt worden ist.

Nachweisung der im Bergreviere Wetzlar in den Jahren 1840 bis incl. 1876 vorgekommenen Verunglückungen beim Bergwerksbetriebe.

Im Jahre.	Beschäftigte Arbeiter.	Durch Steinfall durch plötzl. niederstürz. Massen bei unterird. Betr.	in Tagebauen.	In Schächten beim Fahren auf der Fahrt.	betausnahmsw. Fahren am Seile. Einfahrt.	durch Sturz überhaupt.	unter 1000.	durch in den Schacht gefallene Gegenstände.	durch den Förderkorb oder Kübel.	Ueber Tage.	Summa überhaupt.	unter 1000.
1848	101	—	—	—	1	—	—	—	—	—	1	9,901
1855	656	1	—	—	—	—	—	—	—	—	1	1,524
1858	700	—	1	—	—	—	—	—	1	1	3	4,286
1862	1001	1	1	—	—	—	—	—	1	—	3	2,997
1865	1670	3	1	—	1	—	—	—	—	—	5	2,994
1866	1882	—	1	—	—	—	—	—	—	—	1	0,532
1867	1881	—	—	1	—	—	—	—	—	—	1	0,532
1868	1837	—	1	—	—	—	—	1	—	—	2	1,088
1869	1895	1	—	—	—	—	—	—	—	1	2	1,055
1870	1819	—	2	—	—	—	—	—	—	1	3	1,649
1871	2133	1	1	—	—	1	0,469	—	—	1	4	1,875
1872	2321	—	—	—	—	3	1,293	—	—	5	8	3,447
1874	1770	2	—	—	—	—	—	—	—	—	2	1,130
1875	1650	2	—	—	—	—	—	—	—	—	2	1,212
1876	1592	2	1	—	—	—	—	—	1	—	4	2,513
durchschnittl. pro Jahr:	940	0,351	0,243	0,027	0,054	0,108	0,115	0,027	0,081	0,243	1,135	1,208

XIV. Institute zur Förderung des Wohles des Arbeiterstandes.

a. Der Knappschaftsverein.

Bis zum Jahre 1857 wurden diejenigen Arbeiter, welche die Bergarbeit zu ihrem ausschliesslichen Berufe erwählt hatten, als Mitglieder in die Siegener Knappschaftskasse aufgenommen. Mit dem 1. Juli 1857 aber trat der auf Grund des Knappschaftsgesetzes vom 10. April 1854 gebildete Knappschaftsverein des Reviers Wetzlar ins Leben, welcher von der aufgelösten Siegener Kasse 21300 Mark Kapital zugewiesen erhielt. Das erste Statut des Vereins ist am 12. Mai 1857 festgestellt worden. Nach demselben waren alle Arbeiter von Berg- und Hüttenwerken, soweit diese unter der Aufsicht der Bergbehörde standen, zum Beitritt in den Verein nicht nur berechtigt, sondern auch verpflichtet. Die Mitglieder wurden in ständige (fünf Klassen) und unständige (zwei Klassen) eingetheilt. Jeder Arbeiter hatte je nach der Klasse einen Beitrag von 2,50 M., 1,75 M., 1,25 M., 1 M., 0,75 M., 0,6 M. oder 0,25 M., monatlich zu zahlen. Einen Beitrag von gleicher Höhe mussten die Werksbesitzer für jeden ihrer Arbeiter leisten. Dafür wurde den ständigen Mitgliedern gewährt:

1. in Krankheitsfällen freie Kur, Arznei und Krankenlohn,

2. bei eingetretener Arbeitsunfähigkeit eine lebenslängliche Invaliden-Unterstützung,

3. ein Beitrag zu den Begräbnisskosten,

4. eine Pension für ihre hinterlassenen Wittwen,

5. eine Unterstützung zur Verpflegung und Erziehung ihrer hinter- . lassenen Waisen,

6. ausserordentliche Unterstützungen in besonderen Fällen,
den unständigen aber nur die Wohlthaten ad 1, 3 und 6.

Die Verwaltung des Vereins geschah unter Aufsicht der Bergbehörde, für welche der Revierbeamte als ständiger Commissar fungirte, durch einen Vorstand von sechs Mitgliedern, welche zur einen Hälfte von den Werksbesitzern, zur anderen von den aus der Wahl der Arbeiter hervorgegangenen Knappschaftsältesten gewählt wurden. Ueber die seitherige Wirksamkeit des Vereins geben die unten erwähnten graphischen Darstellungen Auskunft.

Die günstigen Rechnungsabschlüsse der ersten Betriebsjahre machten es möglich, schon vom 1. Juli 1860 an die Beiträge der Werksbesitzer auf die Hälfte, das niedrigste nach dem Knappschaftsgesetze zulässige Maass, herabzusetzen.

Nach Einführung des Allgemeinen Berggesetzes vom 24. Juni 1865, welches in seinem siebenten Titel eine freiere Entwicklung des Knappschafts-wesens bezweckte, wurde im Jahre 1866 ein neues Statut entworfen und erhielt am 16. Juli 1866 die ministerielle Bestätigung. Durch dasselbe wurde das Aufsichtsrecht des Staates insofern eingeschränkt, als die Anwesenheit des oberbergamtlichen Commissars zur Gültigkeit eines Beschlusses des Vorstandes nicht mehr unbedingt nothwendig ist, sondern es genügt, wenn der Commissar zu allen Sitzungen eingeladen wird. Alle inneren Verwaltungs-und Wahlangelegenheiten hat der Vorstand selbstständig nach diesem Statute wahrzunehmen, und nur statutenwidrige Beschlüsse können vom Commissar suspendirt werden.

Von der im § 172 des Berggesetzes gewährten Befugniss, für einzelne Werke oder Werksgruppen besondere Krankenkassen zu errichten, welche nur in Krankheitsfällen freie Kur, Arznei und Krankenlohn und beim Eintritt des Todes eines Mitgliedes einen Beitrag zu den Begräbnisskosten zu ge-

7

währen haben, ist im Reviere Wetzlar bis jetzt kein Gebrauch gemacht
worden. Die Knappschaftskasse ist auch die einzige Krankenkasse geblieben.

Durch einen am 4. Januar 1868 bestätigten Nachtrag zu dem Statute
vom 16. Juli 1866 wurde der Kreis Biedenkopf in den Wetzlarer Knappschaftsverein aufgenommen, wobei eine Erhöhung der Zahl der Mitglieder des
Vorstandes von sechs auf acht stattfand. Vorher hatten im Kreise Biedenkopf nur einige Krankenkassen für einzelne Werke bestanden, welche jeder
amtlichen Controle entbehrten.

Die seit dem Erlass des Allgemeinen Berggesetzes gesammelten Erfahrungen, die durch den Aufschwung der Industrie veränderten Lohnverhältnisse der Arbeiter, das Gesetz über die Freizügigkeit vom 1. November
1867 und die Einführung der Gewerbeordnung vom 21. Juni 1869 machten
im Jahre 1873 wieder einige Aenderungen des Vereinstatuts nothwendig oder
wenigstens wünschenswerth, welche am 1. Juli in Kraft traten und am
18. August die oberbergamtliche Bestätigung erhielten. Durch das neue
Statut wurden die Beiträge der Arbeiter und die denselben proportionalen
Beiträge der Werksbesitzer, welche gleichzeitig noch von 50 auf 60 Procent
der Beitragsleistung der Arbeiter gesteigert wurden, beträchtlich erhöht, aber
gleichzeitig auch die Beträge der zu gewährenden Krankenlöhne, Invaliden-
und Wittwenpensionen u. s. w. noch erheblicher gesteigert. Die Knappschaftskasse wurde dadurch, wie die unten erwähnten graphischen Darstellungen zeigen, so sehr belastet, dass im Jahre 1875 bereits das Kapital-
vermögen des Vereins angegriffen werden musste. Dieses Missverhältniss
führte zu einer abermaligen Aenderung des Statuts, welche am 15. Juni 1876
oberbergamtlich bestätigt wurde und am 1. Juli 1876 in Wirksamkeit trat.
Dieselbe war um so nöthiger, als in Folge der inzwischen wieder gesunkenen
Arbeitslöhne die Simulationen von Krankheiten Seitens der Arbeiter, um die
hohen Krankenlöhne zu beziehen, eine ganz auffallende Höhe erreicht hatten.
Die wichtigsten Ergebnisse aus der in der Zeitschrift für das Berg-, Hütten-
und Salinenwesen in dem preussischen Staate jährlich veröffentlichten Knapp-
schaftsstatistik sind, soweit sie sich auf den Wetzlarer Knappschaftsverein
beziehen, für den Zeitraum von 1857 bis 1877 in den angeschlossenen graphischen Darstellungen auf den Tafeln 5, 6, 7 und 8 veranschaulicht worden.

b. Der Wetzlarer Consumverein.

Nachdem der Rückgang im Eisengeschäfte seit dem Jahre 1873 so er-
hebliche Reductionen der Arbeitslöhne nothwendig gemacht hatte, dass die
Arbeiter ihre Lebensbedürfnisse den zu zahlreich im Reviere vorhandenen und
desshalb zu hohe Preise verlangenden, unter einander einigen Kleinhändlern
nicht mehr bezahlen konnten, traten im Frühjahre 1875 die Besitzer und
Repräsentanten der grösseren Werke des Reviers zur Gründung eines Consum-

vereins zusammen. Anfangs bestand die Absicht, nur den Arbeitern und Beamten der Werke u. s. w. die Vortheile dieses Vereins zukommen zu lassen und nur an Mitglieder desselben Consumartikel zu verkaufen. Aber bald stellte sich heraus, dass viele Arbeiter, weil sie den Kleinhändlern verschuldet waren und ihnen von diesen Credit bewilligt wurde, dem Vereine beizutreten, Bedenken trugen. Hierdurch wurde der Verein veranlasst, den Verkauf auch an Nichtmitglieder zu gestatten und so durch Concurrenz die mit ihren Anhängern den Consumverein anfeindenden Kleinhändler zum Herabsetzen der Preise zu zwingen. Diesen Zweck hat der Verein auch erreicht und ist so zu einem Wohlthäter für die ganze nicht mit dem Kleinhandel in Verbindung stehende Bevölkerung der an Industrie reicheren Bezirke des Reviers geworden.

Anfangs hatte man die Absicht, im Reviere vertheilt möglichst zahlreiche Verkaufsstellen zu unterhalten, um den Consumenten die Herbeischaffung ihrer Bedürfnisse zu erleichtern. Die kleineren Verkaufsstellen stellten sich aber bald als unzweckmässig und allzu kostspielig heraus und wurden deshalb wieder aufgehoben. Gegenwärtig sind nur noch zu Wetzlar und zu Braunfels Verkaufsstellen vorhanden.

Im Geschäftsjahre 1875/76 betrug der Waarenumschlag = 130713 M. 31 Pf., wovon auf:

die Verkaufsstelle Wetzlar		59680,32	M.
„ „	Braunfels	54148,86	„
„ „	Leun	7243,53	„
„ „	Burgsolms	3582,60	„
und auf directe Verkäufe		6058,00	„

kommen.

Der Umschlag vertheilte sich auf:

32870	Stück	Brod . . .	17381,10	M.
30400	Pfund	Waizenmehl	6155,00	„
20556	„	Kaffee . .	27895,38	„
15631	„	Zucker . .	6949,11	„
11560	„	Hülsenfrüchte	2488,34	„
20839	„	Salz . . .	1881,46	„
7622	„	Fleischwaaren	6802,39	„
37467	„	Oel . . .	14542,95	„
35717	„	Petroleum .	5409,97	„
9223	„	Seife . . .	3155,17	„
4828	Paar	Schuhe . .	28100,00	„
diverse Artikel			9952,44	„
		zusammen:	130713,31	M.

Das Betriebskapital, welches durch freiwillige, mit 5 Procent verzinsliche Darlehen der Gewerkschaften beschafft wurde, betrug 10200 Mark.

Ausserdem waren vom Vereine auf zum Betriebe nöthige Immobilien 4000
Mark Hypotheken übernommen worden. Das disponibele Betriebskapital ist
somit im ersten Geschäftsjahre beinahe 13 mal umgeschlagen worden. Dabei
haben betragen:

der Bruttogewinn an Waaren   15 188,63 M.
die Betriebskosten . . . .   3 409,30 „
die bezahlten Provisionen . . 5 796,81 „

Im Geschäftsjahre 1876/77 hat sich der Umschlag bedeutend vermehrt.
Bis Ende April d. J. (also in 10 Monaten, da das Geschäftsjahr mit dem
1. Juli beginnt) betrug derselbe bereits rund 168000 Mark.

c. Arbeitersparkassen.

Mehrere grössere Gewerkschaften haben die Einrichtung getroffen, dass
sie ihren zuverlässigen Arbeitern im Falle des Bedürfnisses unverzinsliche
Darlehen gewähren, welche bei den monatlichen Lohnzahlungen nach und
nach wieder zurückerstattet werden müssen. Aber zur sicheren Unterbringung
ihrer kleinen Ersparnisse war den Bergarbeitern bisher im Allgemeinen nur
durch die Kreissparkasse zu Wetzlar Gelegenheit geboten, welche indess, weil
diese Kasse nur $3\frac{1}{2}$ Procent Zinsen gewährt, wenig benutzt wurde. Hingegen
hat sich die im Jahre 1873 von der Gewerkschaft Gebrüder Stumm für ihre
Arbeiter in's Leben gerufene Sparkasse bis jetzt vortrefflich bewährt. Dieselbe verzinst Einlagen von 30 Mark und darüber mit 5 Procent, gewährt
aber für geringere und solche Einlagen, welche schon vor Ablauf des Rech-
nungsjahres, in welchem die Einzahlung erfolgt ist, wieder zurückgezogen
werden, gar keine Zinsen. Die Verwaltung der Kasse erfolgt unentgeltlich
durch die Beamten der Gewerkschaft. Die Zinsen werden am Jahresschlusse
(31. März) zum Kapital geschlagen und im nächsten Jahre mit verzinst.
Es wurden:

im Jahre	Einlagen gemacht	im Betrage von Mark.	Einlagen zurück- gezogen	im Betrage von Mark.	Saldo am Jahresschlusse. Mark.
1873/74	62	2659,04	14	210,70	2448,34
1874/75	59	3794,63	18	512,47	3282,16
1875/76	48	2799,48	24	1455,52	1343,96
1876/77	42	3486,20	28	3564,75	— 78,55
	211	12739,35	84	5743,44	6995,91

Die zurückgezahlten Beträge wurden grösstentheils zur Tilgung von auf
Immobilien ruhenden Schulden oder zu Ankauf von Grundstücken verwendet.
Die regelmässigen Einzahler sind jetzt meistens unverheirathete Arbeiter,
welchen es durch ihre Einzahlungen möglich wird, einen neuen Hausstand

ohne Schulden zu gründen. Viele derselben haben schon Ersparnisse von 100 bis 160 Mark der Kasse übergeben.

Da die Gebrüder Stumm nach dem Durchschnitt der letzten 4 Jahre nur 123, gegenwärtig nur 110 Arbeiter beschäftigen, von welchen 40 ihre Ersparnisse der Kasse übergeben haben, so ist der erzielte Erfolg unbedingt als befriedigend zu bezeichnen.

d. Landwehrkassen.

Schon im Kriege des Jahres 1866, noch mehr aber in dem von 1870/71 haben die meisten Werksbesitzer des Reviers theils selbst den zurückgelassenen hülfsbedürftigen Angehörigen der zu den Fahnen einberufenen Arbeiter freiwillige Unterstützungen gewährt theils die nicht einberufenen Werksbeamten und Arbeiter zur Zahlung von Beiträgen zu Unterstützungen derselben veranlasst. Auf diese Weise erhielten die meisten Frauen von einberufenen Landwehrleuten monatliche Unterstützungen von 5 bis 20 Mark und selbst noch mehr, wenn zahreiche Kinder vorhanden waren.

Wenn nun auch nicht zu bezweifeln ist, dass im Falle eines künftigen Krieges die Werksbesitzer und Arbeiter ganz in derselben Weise wie früher opferbereit sein und die Frauen, Kinder und sonstigen unterstützungsbedürftigen Angehörigen der zum Militair einberufenen Bergleute nicht darben lassen werden, so verdient doch die von der Gewerkschaft Gebrüder Stumm errichtete Landwehrkasse Beachtung und Nachahmung, weil durch sie in den Zeiten reichlicheren Verdienstes der Arbeiter für die Zeit des Krieges Vorsorge getroffen wird, in welcher der Verdienst der Arbeiter meistens gering ist und diesen daher die Abgabe eines Theiles ihres spärlichen Lohns doppelt schwer fällt. Ausserdem gewährt diese Kasse noch den Vortheil, dass aus ihr den Arbeitern kleine, in monatlichen Raten rückzahlbare Darlehen gegeben werden können, wodurch dieselben dagegen geschützt sind, den Wucherern in die Hände zu fallen.

Bei der Gründung der Kasse im Jahre 1866 zahlte jeder Arbeiter pro Monat 1 Mark, und ebenso viel die Gewerkschaft für jeden ihrer Arbeiter. Ausserdem gab diese 300 Mark zur Bildung eines kleinen Stocks. Auf diese Weise kamen sehr rasch $2 \times 410 + 300 = 1120$ Mark zusammen, wovon 717 Mark an Unterstützungen verausgabt wurden.

Im Kriege 1870/71 zahlten die Arbeiter die Hälfte ihrer Knappschaftsbeiträge (30 bis 50 Pfg. monatlich), die Beamten 1,8 bis 4 Mark und die Gerwerkschaft so viel, wie alle zusammen. So wurden $2 \times 694,85 = 1389,70$ Mark eingezahlt. Die Unterstützungen an 9 Frauen, 19 Kinder und 2 sonstige Angehörige von Einberufenen betrugen in diesem Kriege 1567,50 Mark. Nach der Rückkehr der Einberufenen schloss die Kasse mit einem Saldo von 131,54 Mark ab. Seitdem hat jeder Arbeiter zuerst monatlich

15 Pfg. und später 10 Pf. Beitrag zur Kasse geleistet, wodurch der Bestand derselben bis zum 1. April 1877 auf 1970,13 Mark gewachsen war. Da die Gewerkschaft beim Eintritt eines Krieges wieder ebenso viel, wie die Arbeiter, zahlen zu wollen in Aussicht gestellt hat, so sind bereits für eine zweijährige Kriegsdauer die Unterstützungen gesichert.

e. Die Bergvor- und Steigerschule zu Wetzlar.

Dieses Institut ist zwar zunächst durch den Mangel an tüchtigen Steigern und Grubenaufsehern hervorgerufen worden, welcher sich mit der stets zunehmenden Ausdehnung des Bergbaues und den sich damit mehr und mehr steigernden Schwierigkeiten und Gefahren desselben immer fühlbarer machte, erfüllt aber zugleich den Zweck, das Wohl eines Theiles des Arbeiterstandes zu fördern.

Bei Gründung der Schule ging man von der Ansicht aus, dass die Bergschule zu Siegen dem vorhandenen Mangel an unteren Grubenbeamten nicht abzuhelfen vermöge, weil die Zahl ihrer Schüler viel zu gering sei, und weil sie eine weiter gehende Ausbildung bezwecke, als für einen Steiger des hiesigen Reviers nothwendig sei. Dieser Mangel sollte zunächst durch die Wetzlarer Schule beseitigt werden. Um aber auch besonders strebsamen und befähigten jungen Bergleuten des Reviers in ihren auf eine weitere Ausbildung gerichteten Bestrebungen förderlich zu sein, wurde der Schule zugleich der Charakter einer Bergvorschule gegeben.

Dieselbe steht unter der Aufsicht eines Curatoriums von fünf Mitgliedern, einem ständigen und vier wählbaren. Das ständige Mitglied ist der Revierbeamte, die vier anderen Mitglieder werden von den Werksbesitzern auf je vier Jahre gewählt. Der Revierbeamte ist zugleich Direktor der Schule. Die Kosten der Unterhaltung derselben werden durch Beiträge der Werksbesitzer in der Weise aufgebracht, dass für je 100 Ctr. geförderten Eisensteins ein Beitrag von 3 Pfg. zur Schulkasse gezahlt wird.

Der Cursus der Schule ist zweijährig.

Der Unterricht umfasst jetzt folgende Gegenstände:

1. Lesen	wöchentlich	1	Stunde.
2. Schönschreiben	„	1	„
3. Rechtschreiben mit Stylübungen	„	1	„
4. Rechnen	„	1	„
5. Zeichnen	„	1	„
6. Arithmetik	„	1	„
7. Geometrie	„	1	„
8. Markscheidekunst	„	1	„
9. Mineralogie und Geognosie . .	„	1	„
10. Bergbaukunde, Bergpolizei und Kenntniss des Berggesetzes (Tit. I—III)	„	3	„
	Summa	12	Stunden.

Anfangs waren nur 10 Stunden festgesetzt, 4 für die Fächer ad 1 bis 5, eine für die Fächer ad 6 und 7 und die übrigen wie oben angeführt, aber bei der mangelhaften Vorbereitung der meisten Schüler stellte sich die angegebene Erweiterung des Unterrichts als nothwendig heraus. Zur Belebung des Unterrichts macht der Direktor mit den Schülern monatlich wenigstens eine grössere Excursion nach instructiven Punkten des Reviers und der benachbarten Gegenden. Ausserdem wurden den Schülern im Sommer 1876 von einem praktischen Arzte sieben Vorträge über Verhaltungsmassregeln bei Verunglückten vor Ankunft des Arztes gehalten, welche mit praktischen Uebungen in der Anlegung von Nothverbänden bei Verwundungen, im Transport Verwundeter, in der Hülfeleistung bei Scheintodten u. s. w. verknüpft waren. An diesem Unterrichte nahmen auch mehrere bereits angestellte Grubenbeamte Theil. Demselben diente das Schriftchen von Dr. J. A. Ott zu Miesbach zur Grundlage, von welchem jeder Zuhörer ein Exemplar unentgeltlich erhielt. Die Vorträge sollen alle zwei Jahre wiederholt werden. Die Kosten derselben hat die Knappschaftskasse übernommen und sich dadurch auch der nicht bergmännischen, namentlich der ländlichen Bevölkerung des Reviers nützlich erwiesen, welcher der Arzt in der Regel nicht rasch genug zur Verfügung steht.

Die Schule trat mit dem 1. October 1872 in's Leben. Aufgenommen wurden 22 Schüler, darunter 8 jüngere Steiger und Grubenaufseher, welche als Hospitanten am Unterrichte Theil nahmen.

Die Zahl der Schüler betrug:

Jahr.	zu Anfang	zu Ende des Schuljahres.
1872/73	22	19
1873/74	30	26
1874/75	17	15
1875/76	15	14
1876/77	16	7

Die Zahl der sich um die Aufnahme Bewerbenden war immer grösser, aber man hat seit 1874 die Zahl der Schüler auf 15 bis höchstens 20 festgesetzt und nur die am besten vorbereiteten Bewerber aufgenommen.

Die Schulrechnung schloss ab wie folgt:

Jahr.	Einnahme. Mark.	Ausgabe. Mark.	Ueberschuss. Mark.
1872/73	1472,92	1252,20	220,72
1873/74	1680,94	1567,20	113,74
1874/75	1474,20	1195,35	278,85
1875/76	1264,54	894,55	369,99
1876/77	1396,72	1410,56	— 13,84
		Summa	969,46

Von dem angesammelten kleinen Fond sind 600 M. zinstragend angelegt.

XV. Verkehrs- und Absatzverhältnisse.

Wie schon im VIII. Abschnitte erwähnt, wurden die ersten Eisensteine im Jahre 1842, nach Vollendung der Schiffbarmachung der Lahn bis Weilburg, aus dem Kreise Wetzlar exportirt. Eine etwas flottere Versendung auf der Wasserstrasse trat aber erst im Jahre 1851 ein, nachdem die Lahn durch den Kreis Wetzlar bis Giessen schiffbar gemacht worden war. Im Jahre 1848 hatte schon die Abfuhr des Eisensteins nach der inzwischen erbauten Main-Weser-Bahn, zunächst nach Butzbach begonnen, wohin Eisensteine aus der Gegend von Ebersgöns und selbst von Oberndorf und Bonbaden gefahren wurden, welche für die Hüttenwerke bei Laufach, Pforzheim und Neunkirchen (Kreis Ottweiler) bestimmt waren, und später, im Jahre 1850 nach der Vollendung des grossen Durchstiches der Main-Weser-Bahn zwischen Giessen und Langgöns aus der Gegend von Wetzlar und selbst von Leun nach Giessen.

Wichtiger als die genannten beiden Verkehrswege wurden noch die Deutz-Giessener und die Lahnbahn, von welchen erstere 1862 und letztere 1864 ihren Betrieb eröffnete. Welchen ungemein grossen Einfluss diese beiden Bahnen auf die Entwicklung des Bergbaues im Kreise Wetzlar gehabt haben, ergiebt sich aus den statistischen Nachrichten im VII. Abschnitt, nach welchen sich die Eisensteinproduction desselben von 1862 bis 1872 mehr als verdreifacht hat.

Im Bereiche der Lahnbahn beträgt die Eisensteinproduction etwas mehr, als in demjenigen der Deutz-Giessener Bahn. Es wird aber ein nicht unbeträchtlicher Theil der ersteren lahnaufwärts nach Wetzlar befördert, welcher hier auf die Deutz-Giessener Bahn übergeht. Vor der Erbauung der Sophienhütte bei Wetzlar, der Lahnhütte bei Giessen und der Georgshütte bei Burgsolms, welche nebst der schon länger bestehenden Main-Weser-Hütte bei Lollar gegenwärtig mehr als die Hälfte der Eisensteinproduction des Reviers consumiren, wurde nämlich der grösste Theil der hiesigen Eisensteinförderung an die Hüttenwerke der Ruhrgegend und am unteren Rhein abgesetzt und über die Deutz-Giessener Bahn an dieselben befördert.

Die im Bereiche der Eisenbahnen geförderten Eisensteinquantitäten des Reviers, soweit sie nicht auf den obengenannten einheimischen Hüttenwerken verschmolzen worden sind, haben betragen:

im Jahre.	Doutz-Giessener Eisenbahn. Ctr.	Lahnbahn. Ctr.	Main-Weser-Bahn. Ctr.
1869	1866531	1853819	565612
1870	1751512	2413887	536856
1871	2703438	2786481	328001
1872	2991253	3442981	441087
1873	2040152	2644038	473373
1874	1310499	1579056	256089
1875	1267064	1581279	233752
1876	953374	1096822	225804
1877	853264	1010568	212800

Die auf der Main-Weser-Bahn und lahnabwärts auf der Lahnbahn abgefahrenen Quantitäten erhielten die Hüttenwerke bei Sayn, Quint, Neunkirchen, Dillingen, Rheinböllen und Niederbronn, zeitweise gingen sie sogar nach Belgien und Frankreich.

Die Lahnschifffahrt hat innerhalb des Reviers eine nur sehr kurze Blütheperiode gehabt, indem sie seit der Eröffnung des Betriebs der Lahnbahn hier fast ganz eingestellt worden ist, weil die Frachtsätze derselben zu hoch waren und weil die Aufspeicherung der Erzvorräthe während der jährlich 8 bis 9 Monate andauernden Perioden des Mangels an hinreichendem Fahrwasser allzugrosse Betriebskapitalien erforderte.

Der locale Transport der Erze von den Gruben nach den Eisenbahnen und einheimischen Hüttenwerken erfolgt zur Zeit noch grösstentheils durch Pferdefuhrwerk. Durch dieses werden die Abfuhrwege periodisch in einen so schlechten Zustand versetzt, dass eine genügende Abhülfe nicht mehr möglich ist. Solche Zustände sind seither jährlich auf den Strassen von Philippstein nach dem Bahnhofe Braunfels, von Bieber nach Giessen, von Nauborn nach Wetzlar, von Altenberg nach Wetzlar, von Wetzlar nach der Sophienhütte, von Oberndorf nach Albshausen u. s. w. vorgekommen.

Diejenigen bedeutenderen Gruben, welchen öffentliche Strassen als Abfuhrwege nicht zu Gebote standen, haben, theilweise mit nicht unerheblichem Kostenaufwande, sich solche hergestellt. Von Abfuhrwegen dieser Kategorie nennt der Verfasser:

1. den Weg von der Grube Emma bei Allendorf nach dem Ulmthale und in diesem mit Ueberbrückung des Ulmbachs bei Bissenberg abwärts bis unterhalb der Pitzmühle,

2. den Weg von der Grube Würgengel bei Braunfels nach der Lahn bei Tiefenbach,

3. den Weg von der Grube Heinrichssegen bei Ehringshausen nach der Wetzlar-Herborner Chaussee,

4. den Weg von den Gruben Uranus und Amanda bei Nauborn nach der Wetzbachstrasse,

5. den gepflasterten Weg durch das Harbachthal bei Wetzlar, die neue eiserne Brücke über die Lahn und den Verbindungsweg von dieser nach der Wetzlar-Herborner Chaussee, angelegt von den Besitzern der Gruben Raab, Hermannszeche, Hans und Werthers Freude,

6. den Weg von Wetzlar durch die Kalsmunter-Hohl nach der Nauborner Grenze, angelegt von den Besitzern der Gruben Eisenhardt, Margarethe-Neufang, Engelsburg und Prinzessin Louise.

Den Erbauern der Wege ad 1, 2 und 5 ist bei Erwerbung des dazu nöthigen Grundeigenthums die Verpflichtung auferlegt worden, die Wege dem landwirthschaftlichen und sonstigen nicht gewerbsmässigen Fuhrwerke zur Mitbenutzung unentgeltlich zu überlassen. Der Weg ad 1 hat 34020 M., der ad 2 29559 M., der ad 4 7968 M. und der ad 5 100000 M. gekostet. Die Kosten der Wege ad 3 und 6 können nicht mehr genau angegeben werden.

Die mit dem Betriebe des Pferdefuhrwerks verknüpften Uebelstände und die hohen Kosten desselben — bei der vorhandenen starken Nachfrage nach Fuhrwerk kann man annehmen, dass für jeden Centner geförderten Eisensteins durchschnittlich 8 Pfennige, also jährlich ca. 400000 M. Fuhrlohn im Reviere verausgabt worden sind — haben schon seit Jahren bei den Bergwerksbesitzern den Gedanken erweckt, durch leichte schmalspurige Schienenbahnen die Abfuhr der Erze zu erleichtern. Die Ausführung dieses Gedankens geschah zuerst von den Besitzern der Grube Oberndorferzug bei Burgsolms, welche im Jahre 1870, als sie ihre Production auf eine vorher im Reviere selten erreichte Höhe gebracht hatten, vor die Alternative gestellt waren, entweder eine Schienenbahn oder einen chaussirten Weg von der Grube nach der Station Albshausen der Lahnbahn erbauen zu müssen, weil es auf andere Weise nicht mehr möglich war, das ganze Erzquantum abzufahren. Man entschied sich für die erstere Alternative und ersparte in wenigen Jahren die Anlagekosten, welche incl. des theuren Anschlusses an die Lahnbahn (18000 M.) bei einer Länge von 2300 m ca. 70000 M. betragen haben, an den Fuhrlöhnen.

Die guten Resultate dieses Unternehmens hatten die Folge, dass sich im Jahre 1872 ein Comité zu Wetzlar bildete, welches sich die Aufgabe stellte, das Revier mit einem Netze von schmalspurigen, die gewöhnlichen Abfuhrwege ersetzenden Schienenbahnen zu versehen.

Leider blieb dieses Comité nicht bei seiner ursprünglichen, einfachen Aufgabe stehen, sondern vereinigte sich mit den Industriellen der unteren Lahnreviere und mit auswärtigen Geldkräften zu dem Zwecke, eine grössere selbstständige Eisenbahnenanlage in dem ganzen Eisensteinbezirke der Lahn in's Leben zu rufen, welche die Eisensteine möglichst weit selbst transportiren und der Lahnbahn gegenüber concurrenzfähig sein sollte. Dieses zu hoch gestellte Ziel konnte um so weniger erreicht werden, als inzwischen der grosse Rückschlag eingetreten war, an welchem fast alle Geschäfte noch jetzt zu leiden haben.

Andererseits forderten aber auch die niedrigen Eisensteinpreise der letzten Jahre immer dringender dazu auf, bei allen Betriebszweigen auf Ersparnisse bedacht zu sein. Nachdem man die Arbeitslöhne entsprechend reducirt hatte, traten mehrere Besitzer von Bergwerken in der Umgebung des Iserbachthales bei Braunfels zusammen und erbauten im vorigen Jahre die „Ernstbahn", welche vorläufig von der Station Braunfels bis zur Kreisgrenze beim Stollen der Grube Ottilie vollendet 5 km lang ist und im laufenden Jahre bis nach Philippstein fortgesetzt werden wird. Der Betrieb dieser Bahn, welche 68500 Mark kostet, ist im Monat Januar d. J. eröffnet worden. Der Wagenpark (Locomotive und 22 Waggons à 100 Ctr. Tragkraft) kostet 39000 M. Derselbe wird auch dann noch ausreichend sein, wenn die Bahn bis Philippstein weiter geführt sein wird.

Die höchste Leistung auf dieser Bahn war bisher 3600 Ctr. pro Tag. Durch Erweiterung der Sturzvorrichtung auf dem Bahnhofe Braunfels kann man die Leistung noch sehr erheblich steigern.

Eine zweite schmalspurige Bahn, von dem Stollen der Grube Prinz Alexander nach der Georgshütte führend, ist der Vollendung nahe. Sie ist 2470 m lang und wird incl. 4 Waggons à 50 Ctr. Tragkraft 24750 M. kosten. Der Betrieb soll mit einem Pferde geführt werden.

Ueber die von den Kalkbrüchen bei Burgsolms nach den Kalköfen bei Albshausen führende Pferdeeisenbahn sind nähere Angaben nicht bekannt. An Stelle der Schienenbahn der Grube Würgengel, welche früher von dem Ende des oben erwähnten Abfuhrweges bei Tiefenbach auf einer hölzernen Brücke über die Lahn nach der Station Stockhausen führte, ist, nachdem die Brücke durch den grossen Sturm im März 1876 zerstört worden war, eine Seilbahn getreten, welche die Erneuerung der Brücke überflüssig gemacht hat. Dieselbe kostet excl. der zum Betriebe dienenden Locomobile 14355 M. Sie ist von A. Bleichert in Leipzig erbaut, 350 m lang und bewegt Förderkästen von 1 hl (3 bis 4 Ctr.) Inhalt mit einer Geschwindigkeit von 1,33 m pro Secunde. Die Kästen werden in je 61,6 m Entfernung von einander an das Zugseil gehängt. Bei normalem Betriebe passirt alle 45 Secunden ein Förderkasten die Bahn. Die höchste Leistung war bisher 2400 Ctr. pro Tag von 10 Stunden wirklicher Arbeitszeit. Durch Verlängerung der letzteren kann die Leistung noch beträchtlich erhöht werden. Die Dampfmaschine arbeitet mit 1½ bis 2 Pferdekräften.

Die angegebenen Zahlen beweisen, dass eine leichte schmalspurige Bahn unter günstigen Umständen kaum so viel kostet, als ein guter Fahrweg. An der Erustbahn kostet nämlich 1 km incl. Wagenpark rund 20000 M., an der Prinz Alexanderbahn rund 10000 M., am Abfuhrwege der Gruben Uranus und Amanda, welcher 582 m lang ist, rund 14000 M., an dem Abfuhrwege der Grube Würgengel, welcher 3500 m lang und im Jahre 1863 in billiger Zeit erbaut worden ist, rund 8400 M., und an dem schon im Jahre 1861 erbauten 4700 m langen Wege der Grube Emma rund 7240 M.

Ausser den billigern Betriebskosten, welche bei den hiesigen durchschnittlichen Förderlängen pro Centner und Kilometer auf $\frac{1}{2}$ Pfennig zu veranschlagen sind, während sie beim Pferdefuhrwerk $1\frac{1}{2}$ Pfennig betragen, haben die schmalspurigen Bahnen den Vortheil für sich, dass sie weniger dem Einfluss der Witterung unterliegen, leichter zu unterhalten sind, als die gewöhnlichen Fahrwege, und eine ziemlich grosse Anzahl häufig dem Trunke ergebener und arbeitsscheuer Personen, die Eisensteinfuhrleute, nöthigen, sich einer dienlicheren Beschäftigung zuzuwenden.

Die Anlage solcher Bahnen möglichst zu fördern, dürfte daher eine wichtige Aufgabe nicht nur der Industriellen des Reviers, sondern auch aller Behörden sein. Die Kreis- und Communalbehörden kommen auf diese Weise leicht über die grossen Schwierigkeiten hinweg, welche ihnen die Unterhaltung der gewöhnlichen Fahrstrassen in den Eisensteinbezirken bisher gemacht hat.

Um das Revier mit einem vorläufig genügenden Netze von schmalspurigen Schienenbahnen zu versehen, müssten noch folgende Linien erbaut werden:

1. Bonbaden-Oberndorf-Burgsolms 6 km,
2. Uranus-Nauborn-Wetzlar $6\frac{1}{2}$ km,
3. Eleonore-Bieber-Rodheim-Kinzenbach 7 km,
4. Heinrichssegen-Ehringshausen 2 km,
5. Fortuna-Schlagkatz-Obernbiel-Albshausen 5 km,
6. Schlagkatz-Jean-Carolus II-Wetzlar 5 km,
7. Victoria-Apollo-Bertha-Braunfels (beziehungsweise Burgsolms) 4 km,
8. Prinz Bernhard-Stockhausen 2 km,
9. Emma-Biskirchen 5 km,.
10. Würgengel-Tiefenbach bis zur Seilbahn $3\frac{1}{2}$ km.

Hiernach würden also im Ganzen noch 46 km schmalspurige Bahnen im Reviere zu erbauen sein, welche, wenn man die hohen Kosten der Ernstbahn zum Anhalten nimmt, rund 920000 M. kosten würden. Diese Anlagekosten würden aber, wenn man die Production des Reviers zu 5 Millionen Centner jährlich annimmt, in weniger als 4 Jahren an den Transportkosten erspart werden.

Den Bedürfnissen des Kreises Biedenkopf dürfte, soweit er nicht schon durch die oben erwähnte Bahn Eleonore-Bieber-Rodheim-Kinzenbach berücksichtigt ist, ebenfalls durch schmalspurige Bahnen zu genügen sein; denn die fünf Hüttenwerke desselben bewegen zusammen jährlich nicht mehr Güter, als eine der grossen Eisensteingruben der Lahngegend, nämlich rund

300 000 Ctr. Eisenstein,
 30 000 „ Kalk,
 140 000 „ Kohlen,
 130 000 „ fertige Producte.

  Summa 600 000 Ctr.

Man würde daselbst zu erbauen haben die Linien:

1. Laasphe-Biedenkopf-Sterzhausen-Göttingen-Cölbe 35 km und
2. Weidenhausen-Erdhausen-Mornshausen-Damm-Salzböden-Odenhausen-Lollar 19 km.

Die Kosten dieser beiden Schienenwege würden bei Annahme der obigen Durchschnittshöhe nur 1,080 000 M. betragen, während die zahlreichen, seit 20 Jahren aufgestellten Projecte zur Aufschliessung des Kreises durch Eisenbahnen sich in Summen von 12 bis 50 Millionen Mark bewegt haben, auf deren Aufbringung man wohl vergeblich warten wird, weil die Schwierigkeiten des erstrebten Anschlusses an die Ruhr-Sieg-Bahn gar zu gross sind. Das angeblich Bessere ist hier, wie so oft, der Feind des Guten gewesen.

Und dabei bleibt es noch sehr fraglich, ob der Hüttenindustrie des Kreises Biedenkopf durch eine nach Altenhundem oder Siegen weiter zu führende Bahn ein Aufschwung gegeben werden kann. Diese Industrie basirt nämlich auf der Verwendung der Holzkohle und hat ihren wohlbegründeten Ruf der vortrefflichen Qualität der unter Anwendung dieses Brennmaterials dargestellten Gusswaaren zu verdanken. Nach den Erfahrungen aber, die man im Kreise Wetzlar an den früher ganz gleich situirt gewesenen Hütten bei Asslar und Oberndorf gemacht hat, ist es kaum zweifelhaft, dass eine durchgehende Eisenbahn den Holzkohlenbetrieb der Hütten des Kreises Biedenkopf zum Erliegen bringen würde, indem dieselbe die Holzpreise so steigern würde, dass an eine Verkohlung des Holzes nicht mehr gedacht werden könnte. Für ein Uebergehen zur Kokshütterei, welcher ein vollständiger Umbau, wenn nicht gar eine Verlegung der Werke an geeigneten Stellen vorausgehen müsste, sind aber, abgesehen davon, dass die Steinkohlen und Koks consumirende Eisenindustrie ohnedies an der zu grossen Menge von Fabrikationsstätten leidet, die localen Verhältnisse keineswegs besonders geeignet.

XVI. Verzeichniss der auf das Bergrevier Wetzlar bezüglichen geognostischen, mineralogischen u. s. w. Ausarbeitungen und Schriften.

1. Liebknecht. Hassiae subterraneae specimen. Giessen. 1701.
2. Cancrinus, F. L. Beschreibung der vorzüglichsten Bergwerke in Hessen, in dem Waldeckischen, in dem Harz, in dem Mansfeldischen, in Chursachsen und dem Saalfeldischen. Frankfurt a. M. 1767.
3. Klipstein, P. E. Mineralogische Briefe. Drei Stück. Giessen. 1779.
4. — Mineralogischer Briefwechsel. Erstes Bändchen. Giessen. 1781.
5. — Desgleichen. Zweites Bändchen. 1784.
6. Werner, J. F. Geognostische Wahrnehmungen über die erste Entstehung des Lahnthales und der Berge bei Wetzlar. Annalen der herzoglichen Societät für die gesammte Mineralogie zu Jena. Band 2, Seite 101—110. Jena. 1804.
7. Rimrod, F. A. Beschreibung des Durchrisses eines Basaltfelsen unter dem ebenfalls basaltischen Stoppelberge bei Wetzlar. M. Zeichnung. Annalen der herzoglichen Societät für die gesammte Mineralogie zu Jena. Band 3, Seite 236—244. Jena. 1811.
8. Schneider, C. Schalstein-Formation an der Lahn. Taschenbuch für die gesammte Mineralogie. C. C. Leonhard. Jahrg. 8, Seite 307—310. 1814.
9. Engels, Bergmeister. Ueber den Bergbau in der Grafschaft Wetzlar und im Amte Atzbach. (Beim Königlichen Oberbergamte zu Bonn.) 1817.
10. — Ueber das aufgeschwemmte Gebirge bei Wetzlar. (Beim Königlichen Oberbergamte zu Bonn.) 1820.
11. Stein, Bergmeister; Schmidt, Bergrath; Engels, Bergmeister. Vorkommen von Braunkohle am Westerwald auf preussischer Seite. (Beim Königlichen Oberbergamte zu Bonn.) 1821.
12. Wille, G. A. Geognostische Beschreibung der Gebirgsmassen zwischen dem Taunus- und Vogelsgebirge, von der Lahn nach dem Main, Rhein und der Nahe, nebst besonderer Beachtung der daselbst vorkommenden verschiedenen Mineralien. Mit 2 geognost. Karten. Mainz. 1828.
13. Buff, L. C. Ueber Gangbildungen, welche eine lagerartige Entstehung zu haben scheinen. (Vorkommen der Spiessglanzerze auf der Casparizeche bei Arnsberg und des Rotheisensteins bei Wetzlar.) Karsten, Archiv für Mineralogie. Band 6, Seite 439—443. 1833.
14. Buff, Bergmeister. Geognostische Verhältnisse der Umgegend von Wetzlar. (Beim Königlichen Oberbergamte zu Bonn.) 1833.

15. Buff, Braunkohlenversuche im Kreise Wetzlar. (Beim Königlichen Oberbergamte zu Bonn.) 1834.

16. Erbreich. Untersuchungen über das Vorkommen von Braunkohlen innerhalb
der Landesgrenze längs des nassauischen Gebiets. (Beim Königlichen
Oberbergamte zu Bonn.) 1832.

17. Noeggerath, J. Ueber das Vorkommen des Goldes in der Eder und in ihrer
Umgegend. Karsten, Archiv für Mineralogie. Band 7, Seite 149—166.
1834.

18. Erbreich, L. Ueber das Braunkohlengebirge des Westerwaldes und die zu
demselben in natürlicher Beziehung stehenden Felsarten. Karsten, Archiv für Mineralogie. Band 8, Seite 8—51. 1835.

19. Klipstein, A. von. Zinnobererz bei Gladenbach. Neue Jahrbücher für Mineralogie u. s. w. von Leonhard und Bronn. Jahrgang 1836, Seite 351.
1836.

20. Eichhoff, Obereinfahrer. Der Bergbau in der Grafschaft Hohensolms. (Beim
Königlichen Oberbergamte zu Bonn.) 1840.

21. Klipstein, A. von. Ueber die Dolomite der Lahngegenden und das damit
verbundene Vorkommen von Manganerzen. Karsten und von Dechen,
Archiv für Mineralogie. Band 17, Seite 265—303. 1843.

22. Wagner. Geognostische Beschreibung der plutonischen und vulkanischen
Gebirgsmassen, namentlich der Basalte, welche im Kreise Wetzlar durch
die geschichteten Gebirgsbildungen zu Tage kommen. (Beim Königlichen Oberbergamte zu Bonn.) 1843.

23. Klein, E. Darstellung der östlich von Wetzlar vorkommenden Gebirgsarten
in Bezug auf das Vorkommen von Braunstein preussischer Seits an der
Grenze zwischen Preussen und dem Grossherzogthum Hessen. (Beim
Königlichen Oberbergamte zu Bonn.) 1843.

24. Meyer, H. v. Fossile Knochen aus Höhlen im Lahnthale. Neue Jahrbücher
für Mineralogie u. s. w. von Leonhard und Bronn. Jahrgang 1844,
Seite 431—439. 1844.

25. — Fossile Wirbelthiere im Lahnthale; Frösche im oberen Tertiärkalk bei
Osnabrück. Neue Jahrbücher für Mineralogie u. s. w. Jahrgang 1845,
Seite 797—799. 1845.

26. Roemer, Dr. Untersuchungen über den Verlauf der Grenze zwischen älterer
und jüngerer Grauwacke am Ostrande des rheinischen Schiefergebirges
bis zum Rheinthale. (Beim Königlichen Oberbergamte zu Bonn.) 1845.

27. Rose, G. Mittheilung über die bei Burg Hohensolms unweit Wetzlar gefundenen Quecksilbererze. Neue Jahrbücher für Minerologie u. s. w.
von Leonhard und Bronn. Jahrgang 1848, Seite 309.

28. Klipstein, A. von. Gemeinnützige Blätter zur Förderung des Bergbaues und
Hüttenbetriebs. Franfurt a. M. 1849.

29. Castendyck. Geognostisch - bergmännische Darstellung der Gebirgs- und

Lagerungsverhältnisse, sowie der vorkommenden Eisensteinlagerstätten im Gebiete von Wetzlar, und zwar auf dem linken Lahnufer östlich von Garbenheim bis westlich zur Grenze des Fürstenthums Solms-Braunfels. (Beim Königlichen Oberbergamte zu Bonn.) 1850.

30. Klipstein, A. von. Geognostische Darstellung des Grossherzogthums Hessen und des preussischen Kreises Wetzlar. Frankfurt a. M. 1852.

31. — Geognostische Beschreibung des westlichen Theils des im Kreise Wetzlar gelegenen Gebirgsdistricts zwischen der Dill und der Lahn. Zeitschrift der deutschen geologischen Gesellschaft. Band 5, Seite 516—590. Mit 1 Karte und 1 Tafel Profile. 1853.

32. Dechen, H. von. Geognostische Bemerkungen über die Umgegend von Laasphe und Biedenkopf. (Beim Königlichen Oberbergamte zu Bonn.) 1853/54.

33. — Ueber das rheinische Grauwackengebirge von Battenberg bis Wetzlar. Zeitschrift der deutschen geologischen Gesellschaft No. 13, Seite 93—95 und No. 14, Seite 102—104. Notizblatt des Vereins für Naturkunde zu Darmstadt. 1855.

34. — Ueber den östlichen Abfall des westphälischen Schiefergebirges zwischen Battenberg und Wetzlar. Verhandlungen des naturhistorischen Vereins für Rheinland und Westphalen. Jahrgang 12, Seite XXIX. 1855.

35. Klipstein, A. von. Geognostische Beschreibung des Kreises Wetzlar, II. District, Gebirge zwischen der Lahn und Dill. (Beim Königlichen Oberbergamte zu Bonn.) 1855.

36. — Geognostische Beschreibung des Kreises Wetzlar, III. District, Gebirge auf der linken Lahnseite. (Beim Königlichen Oberbergamte zu Bonn.) 1855.

37. Sandberger, G. u. F. Die Versteinerungen des rheinischen Schichtensystems in Nassau. Wiesbaden. 1856.

38. Dechen, H. von. Geognostische Bemerkungen über die Gegenden an der Lahn zwischen Biedenkopf und Wetzlar. (Beim Königlichen Oberbergamte zu Bonn.) 1856.

39. Ludwig, R. Versteinerungen bei Biedenkopf, Hatzfeld, am Hausberge bei Butzbach. Notizblatt des Vereins für Erdkunde zu Darmstadt und des Mittelrheinischen geologischen Vereins. Jahrgang I. No. 4, Seite 30. 1857.

40. Koch, C. Paläozoische Schichten und Grünsteine in den herzoglich Nassauischen Aemtern Dillenburg und Herborn, Jahrb. des Vereins für Nat. H. 13, Seite 85—329. Mit 1 Karte und 2 Tafeln. 1858.

41. Ludwig, R. Die Eisensteinlager in den paläozoischen Formationen Oberhessens und des Dillenburgischen. Notizblatt des Vereins für die Erdkunde zu Darmstadt und des mittelrheinischen geol. Ver., Nr. 18, Seite 129—131. 1858.

42. Tasche, Hans. Kurzer Ueberblick über das Berg-, Hütten- und Salinenwesen im Grossherzogthum Hessen. Darmstadt bei G. Jonghaus. 1858.

43. Volger, Otto. Ueber die Lagerungsverhältnisse und die Entstehungsgeschichte der Braunsteine, insbesondere derjenigen des Lahngebiets. Verh. des deutschen Hochstifts 1860, Seite 36, N. Jahrb. f. Min. u. s. w. Jahrgang 1861, Seite 336—347. 1860.

44. Zerrenner, Carl. Die Manganerzbergbaue in Deutschland etc. Freiberg bei Engelhardt. 1861.

45. Koch, C. Ueber die Eisenspilite. Verh. des naturhist. Vereins für Rheinland und Westphalen, Jahrg. 19, Seite 302—308. 1862.

46. Riemann, A. W. Das Vorkommen, die Verbreitung und Gewinnung des Braunsteins im Kreise Wetzlar. Zeitschr. für das Berg-, Hütten- und Salinenwesen in dem Preussischen Staate. Band 10, Seite 1—12. 1862.

47. Theobald. Beschreibung eines dem Schalstein eingelagerten Schiefer- und Kalkvorkommens bei Asslar im Kreise Wetzlar. (Beim Königlichen Oberbergamte zu Bonn.) 1862.

48. Hahn, O. Geognostische Beschreibung der Lindener Mark und ihrer nächsten Umgebung bei Giessen, mit besonderer Berücksichtigung der Manganerze, sowie sämmtlicher mit denselben auftretenden Mineralien. Zeitschrift der deutschen geol. Ges. Band 15, Seite 249—281. 1863.

49. Ludwig, R. Versteinerungen in der oberen Devon- und unteren Carbonformation der Umgegend von Biedenkopf. Notizblatt des Vereins für Erdkunde und des mittelrheinischen geologischen Vereins u. s. w. III. Heft. Nr. 36, Seite 181—182. 1864.

50. Theobald. Kurzer Ueberblick über die geognostischen Verhältnisse des Kreises Wetzlar. (Beim Königlichen Oberbergamte zu Bonn.) 1864.

51. Tasche, H. Bemerkungen über die bergrechtlichen Verhältnisse und die Besteuerung des Bergbaues im Grossherzogthum Hessen. Zeitschrift für Bergrecht, Band 5, Seite 43 ff. 1864.

52. Schilling. Geognostisch-mineralogische Beschreibung der Gegend zwischen Wetzlar und Garbenheim. (Beim Königlichen Oberbergamte zu Bonn.) 1865.

53. Ludwig, R. Versteinerungen im Stringocephalenkalk bei Waldgirmes. Notizblatt des Vereins für Erdkunde und des mittelrheinischen geologischen Vereins u. s. w. Heft IV, Nr. 40, Seite 62. 1865.

54. Brassert, H. Bergrechtliche Zustände in den mit Preussen vereinigten Gebietstheilen des Grossherzogthums Hessen etc. Zeitschrift für Bergrecht, Band 8, Seite 56 ff. 1867.

55. Stein, C. A. Ueber das Vorkommen von phosphorsaurem Kalk in der Lahn- und Dillgegend. Beilage zu Band XVI der Zeitschrift für Berg-, Hütten- und Salinenwesen in dem Preuss. Staate. 1868.

56. Beyrich, E. Versteinerungen von der Grube Hainau bei Wetzlar. Zeitschrift der deutschen geol. Gesellschaft. Band 21, Seite 707. 1869.
57. Ludwig, R. Ueber die Gliederung der devonischen Formation im dillenburgischen und biedenkopfischen Theile des Westerwaldes. Neues Jahrb. f. Min. u. s. w. von Leonhard und Geinitz. Jahrgang 1869, Seite 658—685. 1869.
58. Dechen, H. von. Erläuterungen zur geologischen Karte der Rheinprovinz und der Provinz Westphalen. Bonn bei A. Henry. 1870.
59. Ludwig, R. Fossile Pflanzenreste aus der paläolithischen Formation der Umgegend von Dillenburg, Biedenkopf u. s. w. Paläontogr. Band 17, Lief. 3, Seite 105—128. 11 Tafeln. 1870.
60. — Section Gladenbach, geol. Karte des Grossherzogthums Hessen mit Text. Darmstadt. 1870.
61. — Section Biedenkopf, desgleichen. 1871.
62. Riemann, A. W. Ein Beitrag zur Geschichte des Bergbaues und des Bergrechts im Kreise Wetzlar. Zeitschrift für Bergrecht, Band 12, Seite 466—474. 1871.
63. Tecklenburg. Bergbau und Bergrecht in Oberhessen. Zeitschrift für Bergrecht, Band 14, Seite 159 ff. 1873.
64. Dechen, H. von. Die nutzbaren Mineralien und Gebirgsarten im deutschen Reich. Berlin bei G. Reimer. 1873.
65. Trapp, Conrad. Die Brauneisensteinlager des oberen Bieberthals bei Giessen. 14. Jahresbericht der oberhessischen Gesellschaft für Natur- und Heilkunde, p. 41 ff. 1873.
66. Roemer, Ferd. Ueber die ältesten versteinerungsführenden Schichten in dem rheinisch-westphälischen Schiefergebirge. Zeitschrift der deutschen geologischen Gesellschaft, Jahrgang 1874, Seite 752—760. 1874.
67. Dechen, H. von. Ueber den Quarzit von Greifenstein im Kreise Wetzlar. Zeitschrift der deutschen geologischen Gesellschaft, XXVII. Band, p. 730 und 761 ff. 1875.
68. Maurer, Friedrich. Paläontologische Studien im Gebiete des rheinischen Devon. (Die Fauna der Rotheisensteingrube Hainau.) Neues Jahrbuch für Mineralogie u. s. w. Jahrgang 1875, p. 596 ff. 1875.
69. Fresenius. Chemische Analyse der Mineralquellen von Biskirchen. Wiesbaden bei Kreidel. 1876.
70. Königliche Regierung zu Wiesbaden. Statistische Beschreibung des Regierungsbezirks Wiesbaden. Wiesbaden bei Limbarth: 1876 und ff.
71. Maurer, Friedrich. Paläontologische Studien im Gebiete des rheinischen Devon. (Die Thonschiefer des Ruppachthals.) Neues Jahrbuch für Mineralogie u. s. w., Jahrgang 1876, p. 808 ff. 1876.
72. Tieschowitz, von. Statistische Nachrichten über den Kreis Wetzlar. Wetzlar bei Ferd. Schnitzler. 1876.

73. **Brassert, H.** Die Berggesetzgebung im Grossherzogthum Hessen. Zeitschrift für Bergrecht, Band 17, Seite 145 ff. 1876.
74. **Nies, Aug.** Strengit, ein neues Mineral. Neues Jahrb. für Mineralogie u. s. w., Jahrgang 1877, p. 8 ff. 1877.
75. **Angelbis, G.** Petrographische Beiträge. Cf. Verhandlungen des naturhistorischen Vereins für Rheinland und Westphalen. Seite 118 ff. 1877.
76. **Conrad Oebbeke.** Ein Beitrag zur Kenntniss des Paläopikrits und seiner Umwandlungs-Produkte. Inaugural-Dissertation. Würzburg 1877, Druck von Bonitas Bauer.

Berichtigungen.

Seite 10, Zeile 7 v. u. lies Altenberg statt Altenberg.
  „ 14, letzte Zeile lies 68 statt 69.
  „ 26, Zeile 16 v. u. lies Kupferkies statt Kuferkies.
  „ 27, „ 4 v. o. lies Damshausen statt Darmshausen.
  „ „ „ „ „ „ „ 85a statt 85.
  „ 36, „ 2 v. u. lies bekannt statt kekannt.

Inhalts-Verzeichniss.